Matthias Niedzwicki

Windenergie und Planungsrecht

Energiewende in NRW trotz § 35 Abs. 3 S. 3 BauGB?

Matthias Niedzwicki

WINDENERGIE UND PLANUNGSRECHT

Energiewende in NRW trotz § 35 Abs. 3 S. 3 BauGB?

ibidem-Verlag
Stuttgart

Bibliografische Information der Deutschen Nationalbibliothek
Die Deutsche Nationalbibliothek verzeichnet diese Publikation in der Deutschen Nationalbibliografie; detaillierte bibliografische Daten sind im Internet über http://dnb.d-nb.de abrufbar.

Bibliographic information published by the Deutsche Nationalbibliothek
Die Deutsche Nationalbibliothek lists this publication in the Deutsche Nationalbibliografie; detailed bibliographic data are available in the Internet at http://dnb.d-nb.de.

Coverabbildung: © Dirk Maus / pixelio.de

∞

Gedruckt auf alterungsbeständigem, säurefreien Papier
Printed on acid-free paper

ISBN-13: 978-3-8382-0626-4

Printed in Germany

Vorwort

Die vorliegende Abhandlung basiert auf einer Arbeit mit dem Titel »Der Planvorbehalt nach § 35 Abs. 3 S. 3 BauGB als rechtliches Instrument einer konzeptionellen Verhinderung von Windenergieanlagen unter Berücksichtigung der Raumstruktur Nordrhein-Westfalens – Zu den Gefahren und den Möglichkeiten der Planverwirklichung der sog. Energiewende«, die im Jahre 2013 von der Rechtswissenschaftlichen Fakultät der Fern-Universität in Hagen als Masterarbeit im Studiengang »Master of Laws« angenommen worden ist.

Herrn Professor Dr. Haratsch gilt mein Dank für seine Bereitschaft, die Masterarbeit zu betreuen.

Diese Abhandlung berücksichtigt die bis März 2014 veröffentlichte Rechtsprechung und Literatur.

Matthias Niedzwicki
Lüdenscheid / Rödinghausen, im Frühjahr 2014

Gliederung

Abkürzungsverzeichnis

a. A.	anderer Ansicht
aaO.	am angegebenen Ort
Abs.	Absatz bzw. Absätze
a. F.	alte(r) Fassung
amtl.	amtlich(e)
Art.	Artikel
Aufl.	Auflage
BauR	Baurecht (Zeitschrift)
Begr.	Begründung
Beschl. v.	Beschluss vom
DStGB	Deutscher Städte- und Gemeindebund
BT-Drucks	Bundestagsdrucksache
BVerfG	Bundesverfassungsgericht
BVerfGE	Amtliche Sammlung der Entscheidungen des Bundesverfassungsgerichts
bzw.	beziehungsweise
Diss.	Dissertation
Drucks.	Drucksache
DöV	Die öffentliche Verwaltung (Zeitschrift)
DVBl.	Deutsches Verwaltungsblatt (Zeitschrift)
ebda.	Ebenda
Ergl.	Ergänzungslieferung
f.	folgende(r) (Seite bzw. Paragraph)
ff.	folgende (Seiten bzw. Paragraphen)
Fn.	Fußnote
h. M.	herrschende Meinung
Hrsg.	Herausgeber
JW	Juristische Wochenschrift (Zeitschrift)

KommJuR	Kommunaljurist (Zeitschrift)
krit.	kritisch
LKRZ	Zeitschrift für Landes- und - Kommunalrecht Hessen – Rheinland-Pfalz – Saarland (Zeitschrift)
LKV	Landes- und Kommunalverwaltung (Zeitschrift)
LS	Leitsatz
LANUV NRW	Landesamt für Natur, Umwelt und Verbraucherschutz Nordrhein-Westfalen
m. w. N.	mit weiteren Nachweisen
NJW	Neue Juristische Wochenschrift (Zeitschrift)
NordOeR	Zeitschrift für Öffentliches Recht in Norddeutschland (Zeitschrift)
NUR	Natur und Recht (Zeitschrift)
NVwZ	Neue Zeitschrift für Verwaltungsrecht (Zeitschrift)
NWVBl.	Nordrhein-Westfälische Verwaltungsblätter (Zeitschrift)
NZBau	Neue Zeitschrift für Baurecht und Vergaberecht (Zeitschrift)
OVG	Oberverwaltungsgericht
OVGE	Entscheidungen der Oberverwaltungsgerichte für das Land Nordhrein-Westfalen in Münster sowie für das Land Niedersachsen in Lüneburg
Rdnr.	Randnummer
RegE	Regierungsentwurf
RR	Rechtsprechungsreport
RWEA	Referenzwindenergieanlage(n)
S.	siehe bzw. Satz bzw. Seite
Stadt und Gemeinde	Stadt und Gemeinde (Zeitschrift)

unv.	unverändert(e)
UPR	Umwelt- und Planungsrecht (Zeitschrift)
VBlBW	Verwaltungsblätter für Baden-Württemberg (Zeitschrift)
VG	Verwaltungsgericht
VGH	Verwaltungsgerichtshof
Vgl.	Vergleich bzw. vergleiche
VO	Verordnung
Vorb.	Vorbemerkung(en)
WEA	Windenergieanlage(n)
ZfBR	Zeitschrift für deutsches und internationales Bau- und Vergaberecht (Zeitschrift)
ZNER	Zeitschrift für Neues Energierecht (Zeitschrift)
ZUR	Zeitschrift für Umweltrecht (Zeitschrift)

Einleitung

In der Bundesrepublik Deutschland wurde im Jahre 2011 - nach der sog. Atomkatastrophe von Fukushima in Japan - die Beendigung der Kernenergienutzung zur Erzeugung von elektrischer Energie (Atomausstieg) zum zweiten Male beschlossen.[1] Bereits zeitlich vor diesem Unfall befürwortete eine Mehrheit der Bundesbürger grundsätzlich einen raschen Atomausstieg.[2] Der Deutsche Bundestag verabschiedete am 30.06.2011 das 13. Gesetz zur Änderung des Atomgesetzes[3],[4] und leitete damit den Ausstieg erneut ein (sog. Wiedereinstieg in den Ausstieg). Seitdem befindet sich Deutschland in einer Energiewende[5], denn regenerative Energieträger sollen möglichst zügig nukleare -

---

1 Der erste Atomausstieg sollte ursprünglich durch die »Vereinbarung zwischen der Bundesregierung und den Energieversorgungsunternehmen vom 14. Juni 2000« - sog. Atomkonsens - vollzogen werden; das AtomG wurde dieser Vereinbarung entsprechend novelliert. Später vereinbarte die dann amtierende Bundesregierung mit den Energieversorgungsunternehmen eine Laufzeitverlängerung; das AtomG wurde erneut novelliert, die Ausstiegsabsichten zumindest relativiert.

2 So die Ergebnisse einer FORSA-Umfrage im April 2009, zit. nach Bundesministerium für Umwelt, Naturschutz und Reaktorsicherheit, Pressemitteilung Nr. 117/09.

3 BT-Drucks. 17/6070. Zum »Gesetz zur Förderung des Klimaschutzes bei der Entwicklung in den Städten und Gemeinden«, mit den Arbeiten zu der sog. BauGB-Novelle 2011 wurde bereits zeitlich vor dem Reaktorunglück in Japan begonnen, *Kment*, DVBl. 2012, S. 1125 ff.

4 BGBl. I, S. 1704 ff.; vgl. dazu *Sellner/Fellenberg*, NVwZ 2011, S. 1025 ff.; *Scholtka/Helmes*, NJW 2011, S. 3185 ff.

5 Zu diesem Begriff bereits im Jahre 1980 *Krause/Bossel/Müller-Reißmann*, Energiewende - Wachstum und Wohlstand ohne Erdöl und Uran, passim.

aber auch (später) fossile und somit klimaschädliche[6] – Energieträger ersetzen.

Diese Energiewende ist eine öffentliche, nicht zuletzt aber auch eine kommunale[7] Aufgabe, denn die Kommunen sind ebenso verpflichtet, an der Verwirklichung des in Art. 20a GG verankerten Staatszieles des Schutzes der natürlichen Lebensgrundlagen im Rahmen ihrer Zuständigkeit mitzuwirken.[8] Deshalb haben die Städte und Gemeinden bei der Aufstellung von Bauleitplänen gemäß § 1 Abs. 5 S. 2 und Abs. 6 Nr. 7, § 1a BauGB (vgl. auch § 2a S. 2 Nr. 2 BauGB) die Belange des Umwelt- und Klimaschutzes zu berücksichtigen.[9]

A. Problemdarstellung

Soweit dann aber die für die Energiewende notwendigen Infrastrukturanlagen, vor allem Windenergieanlagen (WEA)[10] – die alleiniger Gegenstand dieser Untersuchung sind –, innerhalb des eigenen Gemeindegebiets – etwa im (nahen) Wohnumfeld oder gar innerhalb des heimischen Waldes[11] – errichtet werden sollen, handeln die po-

---

6 Vgl. dazu nur *Attendorn*, NVwZ 2012, S. 1569 ff.; *Fest*, NVwZ 2012, S. 1129 ff.; *Battis/ Krautzberger/Mitschang/Reidt/Stüer*, NVwZ 2011, S. 897 ff.

7 Die Begriffe »öffentliche Aufgaben« und »kommunale Aufgaben« sind inhaltlich verschiedenartig, denn kommunale Aufgaben stellen lediglich einen Teil der öffentlichen Aufgaben dar (vgl. Stein, DVBl. 2010, S. 563, 565).

8 Vgl. *Leisner*, in: Sodan (Hrsg.), Grundgesetz, Art. 20 a, Rdnr. 10; *Hömig*, in: Hömig (Hrsg.), Grundgesetz, Art. 20 a, Rdnr. 4; allgemein zu dieser Staatszielbestimmung und aus Grundrechten folgenden Schutzpflichten *Voßkuhle*, Umweltschutz und Grundgesetz, in: Gesellschaft für Umweltrecht e. V. (Hrsg.), Dokumentation zur 36. wissenschaftlichen Fachtagung der Gesellschaft für Umweltrecht e. V., Leipzig 2012, S. 33, 43 ff.

9 Dazu *Krautzberger*, in: Battis/Krautzberger/Löhr, § 1 BauGB, Rdnr. 64 ff.; eingehend *Kment*, DVBl. 2012, S. 1125 ff.; *Tigges*, ZNER 2012, S. 127, 128.

10 Vgl. auch *Beckmann*, KommJur 2012, S. 170 ff.; *Fest*, NVwZ 2012, S. 1129 ff.; *Wustlich*, ZUR 2007, S. 16 ff.

11 Das Ministerium für Klimaschutz, Umwelt, Landwirtschaft, Natur- und Verbraucherschutz des Landes Nordrhein-Westfalen gab im Jahre 2012 ei-

tentiellen Nachbarn solcher Anlagen oft nach dem Sankt-Florian-Prinzip. Sie argumentieren in der Regel, dass der bauplanungsrechtliche Außenbereich ihrer Gemeinde aus Gründen des Arten- bzw. des Landschaftsschutzes für die Errichtung und den Betrieb von WEA nicht in Betracht komme. Die in Ansehung dieses Protestes dann vor die Randbereiche der Siedlungen gedrängten Planungsvorhaben werden schließlich aufgrund der Befürchtung von den zukünftigen WEA ausgehenden optisch bedrängenden Wirkungen bzw. (Lärm-) Immissionen wiederum abgelehnt. Die potentiellen Nachbarn solcher Anlagen erhoffen sich bzw. verlangen dann Unterstützung von den kommunalpolitischen Entscheidungsträgern. Die Unterstützung durch diese Entscheidungsträger fällt in der Regel umso leichter, je weniger die Bürgerinnen und Bürger bzw. die Gemeinden als Trägerinnen der Planungshoheit von der Wertschöpfung[12] der WEA unmittelbar profitieren. Dieser Interessenskonflikt,[13] mithin diese auch bodenrechtlich relevante Spannung, muss zuvörderst mit den Mitteln des Bauplanungsrechts bewältigt werden. Bei der bauplanungsrechtlichen Bewältigung dieser Konfliktlage auf örtlicher Ebene durch Bauleitplanung kommt vor allem dem Planvorbehalt der städtebaulichen Vorschrift des § 35 Abs. 3 S. 3 BauGB eine wesentliche Bedeutung zu. Diese Vorschrift ordnet an, dass öffentliche Belange einem Vorhaben nach § 35 Abs. 1 Nr. 2 bis 6 BauGB in der Regel auch dann entgegenstehen, soweit hierfür durch Darstellungen im Flächennut-

---

nen Leitfaden »Rahmenbedingungen für Windenergieanlagen auf Waldflächen in Nordrhein-Westfalen« heraus.

12 Vgl. dazu *Zenke/Dessau*, KommJur 2013, S. 288 ff.

13 Bereits vor mehr als 100 Jahren barg die Nutzung der Windkraft nachbarschaftliches Konfliktpotential. So musste das Reichsgericht mit Urteil vom 27.06.1901 (RG, JW 1909, S. 161 ff.) über die Rechtsfrage entscheiden, ob der Betreiber einer Windmühle einen Anspruch auf Beseitigung von auf dem Nachbargrundstück befindlichen Abraumhalden hatte, die der Mühle den Wind nahmen. Zu aktuelleren nachbarrechtlichen Konflikten *Lühle*, NVwZ 1998, S. 897 ff.

zungsplan oder als Ziele der Raumordnung eine Ausweisung an anderer Stelle erfolgt ist.

Der Planvorbehalt - auch Darstellungsprivileg[14] genannt - ist ein Instrument der Städte und Gemeinden als Trägerinnen der kommunalen Planungshoheit um die Errichtung der in § 35 Abs. 1 Nr. 2 bis 6 BauGB genannten Vorhaben - in Ermangelung einer abschließenden und verbindlichen Standortausgestaltung auf Raumordnungsebene[15] - durch eine oder mehrere positive Standortausweisung(en) in ihren Flächennutzungsplänen planungsrechtlich so zu steuern, sodass die Errichtung - der grundsätzlich nach § 35 Abs. 1 Nr. 3 bzw. 5 BauGB privilegierten WEA - an anderer Stelle dann in der Regel wegen des - infolge dieser Standortausweisung(en) - Entgegenstehens öffentlicher Belange ausgeschlossen ist.[16]

B. Ziele der Untersuchung

Ein Ziel dieser Untersuchung ist die Klärung der Frage, ob die Energiewende, soweit sie die Erzeugung elektrischer Energie durch die Nutzung von Windenergie betrifft, de lege lata auf örtlicher Ebene an § 35 Abs. 3 S. 3 BauGB zu scheitern droht. Diese Gefahr besteht vor allem, soweit die rechtlichen Determinanten, an denen die Rechtmäßigkeit einer positiven Standortausweisung - in qualitativer und quantitativer Hinsicht - beurteilt wird, den Trägerinnen der kommunalen Planungshoheit die Möglichkeit verleihen, (bauplanungsrechtlich privilegierte) WEA - zumindest de facto - nahezu auszuschließen,[17] d. h. zu verhindern, etwa weil eine Ausweisung einer kleinen Fläche, die im Übrigen der Windenergie keinen wirtschaftlich optimalen Ertrag ermöglicht, ausreichend sei, der Windenergie - wie

[14] *Stüer/Vildomec*, BauR 1998, S. 427, 429.

[15] S. *Brietzke*, Stadt und Gemeinde 2012, S. 497.

[16] Dazu BT-Drucks. 13/4978, S. 7; *Tigges*, ZNER 2012, S. 127, 129.

[17] Vgl. *Tigges*, ZNER 2012, S. 127, 129.

vom BVerwG gefordert – »substanziell Raum«[18] zu geben und die Rechtswirkungen des § 35 Abs. 3 S. 3 BauGB auszulösen.

Weiterhin soll die Frage geklärt werden, ob und inwieweit die Rechtsprechung durch Richterrecht bzw. de lege ferenda der Gesetzgeber (bzw. überörtliche Planungsträger) den Trägerinnen der kommunalen Planungshoheit diese Möglichkeit zur bauplanungsrechtlichen Steuerung von WEA wird nehmen können. Abschließend soll lediglich kursorisch skizziert werden, ob die Nutzung der Windenergie zur Energiegewinnung von Rechts wegen ähnlich gefördert werden kann, wie der Braunkohletagebau in der Vergangenheit.

C. Methodik und Gang der Untersuchung

Zur Beantwortung der erstgenannten Frage bedarf es zunächst einer Sachverhaltsermittlung. Unter Berücksichtigung der technischen Daten einer Referenzwindenergieanlage der Multi-Megawatt-Klasse (RWEA) und des jährlichen Verbrauchs von elektrischer Energie im Lande Nordrhein-Westfalen soll untersucht werden, wie viele RWEA innerhalb des Landes Nordrhein-Westfalen gebaut werden müssen, um im Land Nordrhein-Westfalen die Ziele der Energiewende zu erreichen. Dabei sollen die sowohl durch den Bund als auch durch das Land Nordrhein-Westfalen definierten Ziele – stets bezogen auf die Gegebenheiten in Nordrhein-Westfalen – zugrunde gelegt werden. Welche Regionen des Landes Nordrhein-Westfalen überhaupt das Potential für die Nutzung der Windenergie bieten, soll anhand einer Auswertung der Raumstruktur (insbesondere Wind- und Flächenanalyse) des Landes Nordrhein-Westfalen in Ansehung seiner Gesamtfläche bestimmt werden (naturwissenschaftliche Determinanten).

Eine empirische Auswertung der Judikatur und der rechtswissenschaftlichen Literatur soll zum einen Aufschluss geben, welche Flächen – in Anwendung des Raumordnungs-, des Bauplanungs-, des Natur- und Landschafts- und des Immissionsschutzrechts – für die

[18] BVerwG, NVwZ 2003, S. 733 735; ZfBR 2010, S. 65, 66.

Errichtung und den Betrieb von WEA zur Verfügung stehen, zum anderen ob und ggf. inwieweit die bestehende Möglichkeit der bauplanungsrechtlichen Steuerung durch positive Standortausweisung von WEA jedenfalls auch – zumindest de facto – eine die Energiewende gefährdende Verhinderungsplanung durch die Kommunen ermöglicht (rechtliche Determinanten). Dazu soll neben dem einschlägigen Planungs- auch das Prozessrecht daraufhin untersucht werden, ob und inwieweit den Planungsträgern gerichtlich nur eingeschränkt überprüfbare Gestaltungsräume eröffnet sind. Die Möglichkeit einer Verhinderungsplanung wird nämlich durch prozessuales Recht gleichermaßen bedingt und beschränkt.

Soweit die Energiewende de lege lata an § 35 Abs. 3 S. 3 BauGB zu scheitern droht, sollen die sich anschließenden Fragen, ob und inwieweit den Trägerinnen der kommunalen Planungshoheit die Möglichkeit zur bauplanungsrechtlichen Steuerung von WEA genommen werden kann, und die Frage, ob die Nutzung der Windenergie von Rechts wegen ähnlich wie der Braunkohletagebau gefördert werden kann, unter besonderer Berücksichtigung der verfassungsdogmatischen Entwicklung der kommunalen Selbstverwaltungsgarantie i. S. d. Art. 28 Abs. 2 S. 1 GG bzw. Art. 78 Abs. 2 Verf NRW und der Eigentumsgewährleistung zugunsten Privater nach Art. 14 GG untersucht werden.

1. Kapitel: Ziel der Energiewende und naturwissenschaftliche Determinanten

Der Bundesgesetzgeber hat Ziele der Energiewende u. a. durch das Gesetz für den Vorrang Erneuerbarer Energien (Erneuerbare-Energien-Gesetz – EEG) definiert. Ausweislich § 1 Abs. 2 EEG soll der Anteil erneuerbarer Energien an der Stromversorgung unter Integrierung nachfolgender Strommengen in das Elektrizitätsversorgungssystem mindestens auf 35 % spätestens bis zum Jahre 2020, auf 50 % spätestens bis zum Jahre 2030, auf 65 % spätestens bis zum Jahr 2040 und auf 80 % bis zum Jahre 2050 erhöht werden. Einen spezifischen Anteil an Windenergie an der Stromversorgung definiert der Bundesgesetzgeber nicht. Das Gros der aus erneuerbaren Energieträgern stammenden Elektrizität müsste die Windenergie bewirken.

Die Landesregierung Nordrhein-Westfalens hat das zu erreichende Ziel, welches hier allein von Interesse ist, konkret definiert. Ausweislich Ziff. 1.1 des Erlasses für die Planung und Genehmigung von Windenergieanlagen und Hinweise für die Zielsetzung und Anwendung (Windenergie-Erlass) vom 11.07.2011[19] wurde das Ziel gesetzt, den Anteil der Windenergie an der Stromerzeugung von 3 % im Jahre 2011 auf mindestens 15 % im Jahre 2020 zu erhöhen. Weiterhin soll bis zum Jahre 2025 der Anteil der erneuerbaren Energien an der Stromversorgung 30 % betragen.

---

19 Gemeinsamer Runderlass des Ministeriums für Klimaschutz, Umwelt, Landwirtschaft, Natur- und Verbraucherschutz des Landes Nordrhein-Westfalen (Az. VIII2 - Winderlass) und des Ministeriums für Wirtschaft, Energie, Bauen, Wohnen und Verkehr des Landes Nordrhein-Westfalen (Az. X A 1 – 901.3/202) und der Staatskanzlei des Landes Nordrhein-Westfalen (Az. III B 4 – 30.55.03.01).

Fraglich ist, ob diese Ziele de lege lata oder vielmehr – wenn überhaupt – de lege ferenda verwirklicht werden können.

A. Jährlicher Verbrauch von elektrischer Energie in NRW

Das Landesamt für Natur, Umwelt und Verbraucherschutz Nordrhein-Westfalen (LANUV NRW) legte bei seiner im Januar 2013 veröffentlichen Untersuchung[20] einen – nach Angaben des Ministeriums für Klimaschutz, Umwelt, Landwirtschaft, Natur- und Verbraucherschutz (MKULNV) des Landes Nordrhein-Westfalen – jährlichen Verbrauch von elektrischer Energie von 138 TWh/a, wie im Jahre 2010, zugrunde.[21] Das LANUV NRW konstatierte, dass zur Zielverwirklichung ab dem Jahre 2020 dann 21 TWh/a Elektrizität aus Windenergie bzw. über 41 TWh/a aus allen erneuerbaren Energien (Nettostromproduktion von 28 TWh/a aus Windenergie) ab dem Jahr 2025 produziert werden müssen.[22]

B. Erforderliche Anzahl von Referenzwindenergieanlagen der sog. Multi-Megawatt-Klasse zur Zielverwirklichung

Nach den Berechnungen des LANUV NRW seien – je nach Szenario – gut 11.500 bzw. mindestens 9.780 RWEA der sog. Multi-Megawatt-Klasse (RWEA) – 7.330 bzw. 5.380 RWEA davon in sog. Windparks (oder Windfarmen) mit mindestens 3 RWEA – erforderlich, um das definierte Landesziel (sicher) zu erreichen.[23] (11.500 RWEA = mögliche Nettostromproduktion von 83 TWh/a; 9.780 RWEA = mögliche

---

[20] *LANUV NRW*, Potenzialstudie Erneuerbare Energien NRW – Windenergie, passim.

[21] S. *LANUV NRW*, aaO., S. 15.

[22] S. *LANUV NRW*, aaO., S. 15.

[23] Vgl. *LANUV NRW*, aaO., S. 81, 82.

Nettostromproduktion von 71 TWh/a).[24] Diese Modellrechnung weise jedoch Modellunsicherheiten hinsichtlich des jährlichen Nettostromertrags von ca. 15 % auf.[25] So sei mit 6.400 REWA (mögliche Nettostromproduktion von 48 TWh/a) die Zielerreichung selbst unter Ausnutzung aller Windparks in Ansehung der lokalen Verhältnisse schwierig.[26]

Eine solche RWEA hat eine Nabenhöhe von 135m, einen Rotordurchmesser von 101m und eine Gesamthöhe von 185,5m. Sie verfügt über eine Nennleistung von 3 MW und erzeugt einen Schallpegel von 106 dB(A).[27] Bei einer schalloptimierten Betriebsweise (z. B. nachts) beträgt die Nennleistung 2 MW; der Schallpegel 104 dB(A).[28] Eine solche RWEA wird auch dieser Abhandlung zugrunde gelegt.

C. Windhöffigkeitsgebiete in NRW

Aufgrund dieser Nabenhöhe ist es in der Regel ohne Belang, in welcher Großlandschaft Nordrhein-Westfalens (Eifel, Niederrheinische Bucht, Niederrheinisches Tiefland, Süderbergland, Weserbergland, Westfälische Bucht und Westfälisches Tiefland) eine solche RWEA errichtet wird.[29] In Windfeldern in einer Höhe von 135m über Grund beträgt die mittlere Windgeschwindigkeit in Abhängigkeit des geographischen Standortes in 95% aller Fälle über 6 m/s bis 7 m/s,[30] wobei das LANUV NRW Modellunsicherheiten von 13,5 bis 17,5 % des mittleren Energieertrages für möglich hält.[31] Niedrigere Windge-

---

[24] S. *LANUV NRW*, aaO., S. 96.
[25] S. *LANUV NRW*, aaO., S. 82.
[26] S. LANUV NRW, aaO., S. 82.
[27] S. *LANUV NRW*, aaO., S. 27.
[28] S. *LANUV NRW*, aaO., S. 27.
[29] Vgl. *LANUV NRW*, aaO., S. 48, 49.
[30] S. *LANUV NRW*, aaO., S. 27.
[31] S. *LANUV NRW*, aaO., S. 34 ff.; 47.

schwindigkeiten können im Lee von Hindernissen (z. B. Tälern in Mittelgebirgslandschaften) vorhanden sein.[32]

[32] S. *LANUV NRW*, aaO., S. 47.

2. Kapitel: Energiewende de lege lata – Gefahr des Scheiterns?

Um die windenergiepolitischen Ziele des Landes Nordrhein-Westfalen zu verwirklichen, müssen in Ansehung der Ergebnisse der Modellrechung des LANUV NRW in jeder der insgesamt 396 nordrhein-westfälischen Städte und Gemeinden rechnerisch mindestens 24,7 RWEA (9.780: 396 gerundet auf 24,7) errichtet werden.[33] In einigen Städten und Gemeinden müssten wohl deutlich mehr RWEA errichtet werden, da bereits in Ansehung der Windhöffigkeitsgebiete und ohne Berücksichtigung einer entgegenstehenden Raumnutzung andere Gemeinde- und Stadtgebiete (z. B. Großstädte im Ruhrgebiet) insoweit für einen Betrieb von RWEA nicht in Betracht kommen. Soweit aber zur Verwirklichung dieses windenergiepolitischen Zieles in nahezu jeder nordrhein-westfälischen Gemeinde bzw. Stadt mehr als 24,7 RWEA errichtet werden müssen, kann die städtebauliche Relevanz nicht unterschätzt werden. So bedingen und beschränken die vor allem aus dem Allgemeinen Städtebaurecht des BauGB folgenden Befugnisse der Städte und Gemeinden als Trägerinnen kommunaler Planungshoheit die Zielverwirklichung. Mithin determiniert die Befugnis aus § 35 Abs. 3 S. 3 BauGB als eine Vorschrift des Allgemeinen Städtebaurechts des BauGB wesentlich den Grad der Gefahr des Scheiterns der Energiewende.

---

33 Das durch das LANUV NRW errechnete Ausbaupotential an WEA kann bezogen auf die einzelnen nordrhein-westfälischen Kommunen den Anhängen zu der Untersuchung des *LANUV NRW* (aaO, S. 117 ff.) entnommen werden. Dieses Ausbaupotential wird in drei Kategorien (Potentialfläche in ha, installierbare Leistung in MW, Nettostromertrag in GWh/a) angegeben; nicht angegeben wird, wie viele WEA/RWEA pro Kommune errichtet werden müssen bzw. können.

A. Planvorbehalt des § 35 Abs. 3 S. 3 BauGB

Inwieweit der zu untersuchende § 35 Abs. 3 S. 3 BauGB in der Praxis eine konzeptionelle Verhinderungsplanung von WEA ermöglichen kann, hängt im Wesentlichen von seinen Tatbestandsvoraussetzungen und seiner Rechtsfolge ab.

I. Tatbestandsvoraussetzungen

Als Tatbestandsvoraussetzungen werden erstens ein »Vorhaben nach Abs. 1 Nr. 2 bis 6« und zweitens eine »Ausweisung an anderer Stelle« eines solchen Vorhabens durch Darstellung als ein Ziel der Raumordnung bzw. im vorbereitenden Bauleitplan (Flächennutzungsplan)[34] genannt.

1. Vorhaben i. S. d. § 35 Abs. 3 S. 3 BauGB

Die Befugnis der konzeptionellen Steuerung von WEA im Außenbereich bezieht sich ausweislich des Wortlauts des § 35 Abs. 3 S. 3 BauGB auf solche Anlagen, die nach § 35 Abs. 1 Nr. 2 bis 6 BauGB bauplanungsrechtlich privilegiert sind. Eine RWEA müsste zumindest in Anwendung einer dieser Varianten privilegiert sein.

a. RWEA als Vorhaben i. S. d. § 35 Abs. 1 Nr. 3 BauGB

Nach § 35 Abs. 1 Nr. 3 BauGB ist ein Vorhaben u. a. dann privilegiert, wenn es der öffentlichen Versorgung mit Elektrizität dient. Das Tatbestandsmerkmal des Dienens setzt voraus, dass ein größerer als der für die Eigenvorsorgung in Anspruch genommene Anteil der erzeugten Elektrizität in das öffentliche Stromnetz eingespeist wird.[35] In Ansehnung des Jahresertrages[36] einer RWEA ist davon in der Regel auszugehen.[37]

---

34 Vgl. *Schidlowski*, NVwZ 2001, S: 388 ff.

35 S. *Gatz*, DVBl. 2009, S. 737.

36 S. *Gatz*, DVBl. 2009, S. 737.

37 S. Bundesministerium für Umwelt, Naturschutz und Reaktorsicherheit, Erneuerbare Energien – Innovationen für eine nachhaltige Energiezukunft,

b. *RWEA als Vorhaben i. S. d. § 35 Abs. 1 Nr. 5 BauGB*

Die Privilegierung nach § 35 Abs. 3 Nr. 5 BauGB setzt ausweislich des Wortlauts voraus, dass die RWEA der Erforschung, Entwicklung oder Nutzung der Windenergie dient. Diese Tatbestandsvariante ist allerdings missverständlich, da nur solche WEA in den Genuss der Privilegierung kommen sollen, die ebenfalls – wie die in § 35 Abs. 1 Nr. 3 BauGB genannten – der öffentlichen Vorsorgung mit Elektrizität dienen.[38]

c. *RWEA und mitgezogene Privilegierung*

Eine nach o. g. Grundsätzen an sich nicht privilegierte RWEA kann an der Privilegierung eines anderen Planungsvorhabens teilnehmen, d. h. von diesem mitgezogen werden, wenn die nicht privilegierte RWEA diesem anderen privilegierten Vorhaben äußerlich erkennbar zu- bzw. untergeordnet ist.[39] Bei einer RWEA dürfte dies jedoch schwerlich der Fall sein.

d. *Zwischenergebnis*

Die in der Regel nach § 35 Abs. 1 Nr. 3 bzw. 5 BauGB privilegierten RWEA stellen ein Vorhaben i. S. d. § 35 Abs. 3 S. 3 BauGB dar und können der konzeptionellen Steuerung mittels des sog. Planvorbehalts unterliegen.

S. 78. Die mittlere Leistung von im Jahre 2011 neu errichteten WEA hat sich gegenüber dem Jahre 1990 mehr als verzehnfacht (s. *DStGB*, Kommunale Handlungsmöglichkeiten beim Ausbau der Windenergie – unter besonderer Berücksichtigung des Repowering, S. 15; *DStGB*, Repowering von Windenergieanlage – Kommunale Handlungsmöglichkeiten, S. 19 ff.). In demselben Zeitraum vervierfachte sich die Nennleistung (s. *DStGB*, Kommunale Handlungsmöglichkeiten beim Ausbau der Windenergie – unter besonderer Berücksichtigung des Repowering, S. 16).

38 S. *Gatz*, DVBl. 2009, S. 737.

39 S. *Gatz*, DVBl. 2009, S. 737, 738.

2. Ausweisung durch Darstellung im Flächennutzungsplan

Als zweite Tatbestandsvoraussetzung des § 35 Abs. 3 S. 3 BauGB müssen RWEA infolge der hier allein interessierenden Ausweisung durch Darstellungen in einen Flächennutzungsplan (an anderer Stelle) bauplanungsrechtlich zulässig sein. Soweit eine Gemeinde eine Verhinderungsplanung betreibt, wird die in Ansehung des § 35 Abs. 3 S. 3 BauGB notgedrungen auszuweisende Fläche aufgrund ihrer Größe und Lage im Raum für RWEA möglichst unattraktiv, ihre bauplanungsrechtliche Ausweisung aber gleichwohl rechtswirksam sein müssen. In Ansehung der Anforderungen an eine rechtswirksame Ausweisung, die im Folgenden dargestellt werden, wird die Möglichkeit der Verhinderungsplanung einer Gemeinde bedingt und beschränkt.

a. Erstellung eines gesamträumlichen Planungskonzepts

Eine rechtswirksame Ausweisung an anderer Stelle – positive Standortausweisung – setzt ein schlüssiges, den gesamten Außenbereich umfassendes Planungskonzept[40] voraus,[41] das den Anforderungen des Abwägungsgebots entsprechen muss.[42] Der Planungsträger muss in diesem Planungskonzept begründen, weshalb in Ausübung seines Planungsermessens[43] die Errichtung und der Betrieb von RWEA an dem bzw. den ausgewiesenen Standorten möglich, in den übrigen Be-

---

40 Dazu grundlegend BVerwG, NVwZ 2003, S. 733, 734 ff.

41 S. BVerwG, BauR 2013, S. 1396; BVerwG, BauR 2010, S. 82 ff.; *Söfker*, in: Ernst/Zinkahn/Bielenberg/Krautzberger, § 35 BauGB, Rdnr. 124a; vgl. auch § 249 BauGB; zum Repowering vgl. statt vieler *Scheidler*, LKRZ 2012, S. 266 ff.

42 S. *Scheidler*, KommJur 2012, S. 367; grundlegend dazu *Gatz*, Windenergieanlagen in der Verwaltungs- und Gerichtspraxis, 263 ff.; *Mitschang*, ZfBR 2003, S. 431, 434, 435; *Hinsch*, NordOeR 2009, S. 477, 479 f.; *Sydow*, NVwZ 2010, S. 1534, 1535.

43 Dazu grundlegend *Brohm*, Öffentliches Baurecht, § 11, Rdnr. 2 ff.

reichen des Planungsraums hingegen ausgeschlossen sein soll.[44] [45] Die Aufstellung eines solchen Planungskonzepts vollzieht sich zwingend in einem mehrstufigen Verfahren des Abwägungsprozesses.[46]

b. *Ermittlung und Darstellung von sog. harten und weichen Tabu-Zonen sowie von Potentialflächen*

Zunächst sind solche Flächen des Planungsraums zu ermitteln und darzustellen[47], die für RWEA in Ansehung des § 1 Abs. 3 S. 1 BauGB schlechthin nicht in Betracht kommen (sog. harte Tabu-Zonen).[48] Im Umkehrschluss zu der Regelung des § 1 Abs. 3 S. 1 BauGB ist die Aufstellung eines Flächennutzungsplans dann nämlich nicht erforderlich, soweit der Planverwirklichung tatsächliche[49] und/oder rechtli-

---

44 S. OVG NRW, DVBl. 2013, S. 1129, 1130; *Scheidler*, KommJur 2012, S. 367, 368; vgl. auch § 249 BauGB und OVG NRW, NWVBl. 2008, S. 26 ff.

45 Ausweislich § 35 Abs. 3 S. 3 BauGB kann ein Flächennutzungsplan solche (positiven) Standortausweisungen enthalten. Als Flächennutzungsplan i. S. d. § 35 Abs. 3 S. 3 BauGB kommt zum einen ein Gesamtflächennutzungsplan nach § 5 Abs. 1 und 2 S. 1 Nr. 1 BauGB, zum anderen sachlicher Teilflächennutzungsplan nach § 5 Abs. 2 S. 1 Nr. 2 b) BauGB. Die Aufstellung eines sachlichen Teilflächennutzungsplans ist auch als räumlicher Teilflächennutzungsplan möglich (s. *Brietzke*, Stadt und Gemeinde 2012, S. 497, 498). Die Rechtswirkungen des § 35 Abs. 3 S. 3 BauGB erstrecken sich dann analog § 9 Abs. 7 BauGB in den räumlichen Grenzen dieses Teilflächennutzungsplans.

46 S. BVerwG, BauR 2013, S. 1396; BVerwG, BauR 2010, S. 82 ff.

47 Diese Darstellung kann Bestandteil der Planbegründung i. S. d. § 5 Abs. 5 BauGB bzw. der zusammenfassenden Erklärung nach § 6 Abs. 5 S. 5 BauGB werden.

48 S. *Söfker*, aaO., Rdnr. 124a.

49 In der Vergangenheit waren zahlreiche Gebiete aufgrund ihrer (geringen) Windhöffigkeit für den Betrieb von WEA gänzlich ungeeignet. Solche Gebiete stellten, aus tatsächlichen Gründen, harte Tabu-Zonen dar, soweit ein wirtschaftlicher Anlagenbetrieb überhaupt nicht möglich war (vgl. OVG NRW, NVwZ 2002, S. 1135 ff.). Dieses tatsächliche Tabu-Zonen-Kriterium ist nunmehr von verschwindend geringer Bedeutung, denn der Betrieb von RWEA ist an fast allen Standorten innerhalb Nordrhein-Westfalens möglich.

che Hindernisse auf unabsehbare Zeit entgegenstehen (sog. Vollzugsunfähigkeit der Planung).[50] Diese harten Tabu-Zonen sind, im Gegensatz zu den weichen Tabu-Zonen, einer Abwägung i. S. d. § 1 Abs. 7 BauGB[51] zwischen den Belangen der Windenergienutzung und entgegenstehenden Belangen entzogen.[52] Einer weitergehenden Rechtfertigung der Nichtzulassung von WEA bedarf es nicht. Die sodann zu ermittelnden und darzustellenden sog. weichen Tabu-Zonen bilden wiederum Flächen, die sich zwar grundsätzlich für die Errichtung und den Betrieb von RWEA eignen, allerdings nach den städtebaulichen Vorstellungen des Planungsträgers anderweitig genutzt und deshalb von WEA freigehalten werden sollen.[53] [54] Das voluntative Element sei wesentliches Abgrenzungskriterium bei der Differenzierung zwischen harten und weichen Tabu-Zonen.[55] Die nach dem Abzug der sog. harten und weichen Tabu-Zonen[56] verbleibenden Flächen des Außenbereichs[57] sind sog. Potentialflächen (auch Suchflä-

---

50 S. BVerwG, BauR 2013, S. 1396; BVerwG, DVBl 2013, S. 507; *Werner/Würfel*, NVwZ 2013, S. 263, 264.

51 Vgl. dazu grundlegend *Berkemann*, DVBl. 2013, S. 1280 ff.

52 S. BVerwG, DVBl. 2013, S. 507.

53 S. *Söfker*, aaO., Rdnr. 124a.

54 S. BVerwG, DVBl. 2013, S. 507. Eine Differenzierung zwischen sog. harten und weichen Tabu-Zonen durch Ermittlung und Dokumentation ist zwingend erforderlich. Ein Unterlassen führt zur Rechtswidrigkeit der Planung (s. BVerwG, BauR 2013, S. 1396, 1397; BVerwG, DVBl. 2013, S. 507.; bereits schon OVG Berlin-Brandenburg, Urt. V. 24.02.2011, Az.: OVG 2 A 24.09 (juris); a. A. (noch) OVG Sachsen , SächsVBl 2013, 40 ff.).

55 S. OVG Berlin-Brandenburg, Urt. v. 24.02.2011, Az.: 2 A 2.09, juris Rdnr. 63.

56 Die Begriffe »harte Tabu-Zone« bzw. »weiche Tabu-Zone« werden in der Literatur kritisiert (s. *Bovet/Kindler*, DVBl. 2013, S. 488, 492.) So sei selbst etwa in Natura 2000-Gebieten, die als harte Tabu-Zonen klassifiziert werden (s. nur Scheidler, KommJur 2012, S. 367, 370) in Ansehung der §§ 34 Abs. 2, Abs 3 bis 5, 26 Abs. 2 BNatSchG) die Nutzung der Windenergie nicht schlechthin unzulässig (s. *Bovet/Kindler*, DVBl. 2013, S. 488, 492; OVG Berlin-Brandenburg, Urt. v. 24.02.2011, Az.: 2 A 2.09, juris Rdnr. 63.). Das OVG Berlin-Brandenburg hält letztlich an der Klassifizierung als harte Tabu-Zone fest.

57 S. *Gatz*, DVBl. 2009, S. 737, 738; *Scheidler*, KommJur 2012, S. 367, 368.

chen genannt)[58] für WEA. Die Gemeinde hat in Ansehung aller Belange dann abzuwägen, ob und ggf. inwieweit der Windenergienutzung widersprechende Belange der Ausweisung der Potentialflächen als Konzentrationszone(n) i. S. d. § 35 Abs. 3 S. 3 BauGB entgegenstehen.[59] Ein Flächennutzungsplan mit den Rechtswirkungen nach § 35 Abs. 3 S. 3 BauGB muss der Windenergienutzung dann substantiell Raum lassen. Soweit die Planungsträgerin eine Fläche als harte Tabu-Zone klassifiziert, nimmt sie eine sog. verkappte Abwägungsentscheidung vorweg, denn sie verschließt sich weiteren abwägungsrelevanten Gesichtspunkten, ob der Nutzung der Windenergie im Gemeindegebiet substanziell Raum gegeben wird.[60]

c. *Flächen und ihre Klassifikation als Tabu-Zonen bzw. als Flächen für Windenergie*

Die differenzierte Klassifikation von Flächen als harte bzw. weiche Tabu-Zonen durch die Planungsträgerin - einschließlich ihrer begründeten Darlegung in der Planbegründung - ist zwingend.[61] Anderenfalls liegt ein beachtlicher Planungsfehler vor.[62] Soweit die Planungsträgerin eine Fläche zu Unrecht als harte Tabu-Zone klassifiziert, liegt ebenfalls ein Fehler im Abwägungsvorgang vor, der gemäß § 214 Abs. 1 S. 1 Nr. 1, Abs. 3 S. 2 Hs. 2 BauGB dann beachtlich sein kann, wenn er offensichtlich und auf das Abwägungsergebnis von Einfluss gewesen ist.[63] Deshalb - und da eine Gemeinde im Falle einer Verhinderungsplanung von WEA ein Interesse daran hat, möglichst umfangreiche Flächen als harte Tabu-Zonen auszuweisen - bedarf es einer Klärung der Frage, welche Nutzungsart einer Fläche die Annahme einer harten bzw. weichen Tabu-Zonen rechtfertigt.

---

58 S. *Schmidt-Eichstaedt*, LKV 2012, S. 481, 482.

59 S. *Gatz*, DVBl. 2009, S. 737, 738.

60 S. OVG NRW, DVBl. 2013, S. 1129, 1133.

61 Vgl. BVerwG, NVwZ 2013, 1017 ff.

62 S. BVerwG, DVBl. 2013, S. 507 f.

63 S. OVG NRW, DVBl. 2013, S. 1129, 1133.

In seinem Urteil vom 01.07.2013 äußerte das OVG NRW allerdings, dass bei der Klassifikation von Flächen als harte Tabu-Zonen grundsätzlich Zurückhaltung geboten sei.[64] Dass ein Flächennutzungsplan mit den Rechtswirkungen des § 35 Abs. 3 S. 3 BauGB auf unabsehbare Zeit vollzugsunfähig sei, sei tendenziell selten, denn auf der nachgelagerten Planungs- und Einzelzulassungsebene können Vollzugshemmnisse meistens ausgeräumt werden.[65] Dass auf der Ebene der Flächennutzungsplanung eine Klassifikation als harte Tabu-Zone äußerst selten ist, könne der bis dahin ergangenen Judikatur der BVerwG allerdings nicht entnommen werden.[66] Dem ist zuzustimmen.

aa. Wohnbebauung im bauplanungsrechtlichen Außenbereich

Auch nach der o. g. Rechtsprechung des OVG NRW sind Splittersiedlungen als solche[67] als harte Tabu-Zonen zu klassifizieren. Innerhalb solcher Siedlungen ist die Windenergienutzung durch RWEA von Rechts wegen schlechthin ausgeschlossen. Allerdings ist das OVG NRW der Rechtsauffassung, dass, soweit RWEA in der Nachbarschaft zu solchen Siedlungen errichtet werden sollen, die Abstandsfläche zwischen RWEA und Splittersiedlung lediglich als weiche Tabu-Zone zu klassifizieren sei. Dem kann so allerdings nicht gefolgt werden.

Diese Abstandsfläche wird durch das Immissionsschutzrecht und durch das Bauplanungsrecht bedingt. Zum einen ist zu gewährleisten, dass Splittersiedlungen keinen rechtlich nicht zulässigen (Lärm-) Immissionen ausgesetzt werden. Wie zahlreiche Judikate belegen, können die erforderlichen Abstände in Abhängigkeit der Haupt- bzw. Nebenwindrichtung und der bauplanungsrechtlichen Qualifikation einer Wohnbebauung (von einem an den bauplanungsrechtlichen Außenbereich angrenzenden WR-Gebiet bis zu Aussied-

---

64 S. OVG NRW, DVBl. 2013, S. 1129, 1131.

65 S. OVG NRW, DVBl. 2013, S. 1129, 1131.

66 S. *Stüer/Garbrock*, DVBl. 2013, S. 1134, 1136.

67 OVG NRW, DVBl. 2013, S. 1129, 1131.

lerhöfen) von 300 bis 1.000 m variieren.[68] Die aus immissionsschutzrechtlichen Erwägungen – zur Verwirklichung des Vorsorgegrundsatzes des § 5 Abs. 1 S. 1 Nr. 2 BImSchG – als Ausschluss- bzw. Restriktionsflächen ermittelten Flächen müssen in der Regel als weiche Tabu-Zonen klassifiziert werden; eine Klassifikation als harte Tabu-Zone soll, so das OVG NRW, demnach lediglich dann in Betracht kommen, soweit der Betrieb einer WEA auf unabsehbare Zeit ausgeschlossen sei.[69] Pauschale Mindestabstände sollen nicht geeignet sein, Konflikten durch windenergiespezifische Immissionen vorzubeugen.[70] Dem OVG NRW ist insoweit beizupflichten, dass diese im Einzelfall erforderlichen Abstandsflächen als weiche Tabu-Zonen zu klassifizieren sind. Zum anderen ist aber auch zu gewährleisten, dass das aus dem Bauplanungsrecht folgende Gebot der städtebaulichen Rücksichtnahme eingehalten wird. In Abhängigkeit ihrer Höhe und Breite können bauliche Anlagen, auch unter Beachtung bauordnungsrechtlicher Abstandsvorschriften, eine auf Nachbargrundstücken wahrnehmbare sog. erdrückende bzw. erschlagende Wirkung erzeugen.[71] Eine solche Wirkung auf andere Gebäude bzw. Grundstücke wird baulichen Anlagen dann zugeschrieben, wenn diese so dominierend sind, dass benachbarte Gebäude dann ohne eigene baurechtliche Charakteristik wahrgenommen werden.[72] WEA können grundsätzlich diese Wirkungen hervorrufen.[73] In Abhängigkeit der Schutzwürdigkeit der Rücksichtnahmebegünstigten soll das Gebot der Rücksichtnahme diesen Wirkungen vorbeugen.[74] Ob von einer WEA eine op-

68 Rechtsprechungsübersicht bei *Scheidler*, KommJur 2012, S. 367, 369.

69 S. OVG NRW, DVBl. 2013, S. 1129, 1131.

70 S. OVG NRW, DVBl. 2013, S. 1129, 1132.

71 S. OVG NRW, NWVBl. 2007, S. 59, 60.

72 S. OVG NRW, NWVBl. 2007, S. 59, 60.

73 OVG NRW, NuR 2010, S. 888 ff.; OVG NRW, NWVBl. 2007, S. 59 ff., nachgehend BVerwG, NVwZ 2007, S. 336 f.

74 S. OVG NRW, NWVBl. 2007, S. 59, 60; nachgehend BVerwG, NVwZ 2007, S. 336 f.; OVG NRW, NuR 2010, S. 888 ff.; nachgehend BVerwG, BauR 2011, S. 813 f.

tisch bedrängende Wirkung ausgeht, hat die Rechtsprechung einzelfallbezogen entschieden. Allerdings wurde folgender Bewertungsmaßstab entwickelt. Eine optisch bedrängende Wirkung auf eine Wohnbebauung (im Außenbereich) ist von einer WEA in der Regel dann nicht mehr zu befürchten, soweit der Abstand zwischen WEA und Wohnhaus mindestens das Dreifache der Gesamthöhe (Nabenhöhe + ½ Rotordurchmesser) der WEA beträgt.[75] Beträgt dieser Abstand lediglich das Zwei- bis Dreifache der Gesamthöhe, so bedarf es im Einzelfall einer besonders intensiven Prüfung.[76] Ein Kriterium dieser Prüfung dürfte sein, ob die Fenster der Aufenthaltsräume des Wohnhauses der WEA – aufgrund der Hauptwindrichtung – frontal zugewandt sind.[77] In den Fällen, in denen der Abstand weniger als das Zweifache der Gesamthöhe beträgt, spricht viel dafür, dass eine Einzelfallprüfung einer von der WEA ausgehende, optisch bedrängende Wirkung bestätigen wird.[78] Dann aber spricht ebenso viel dafür, diese geringe Abstandsfläche als harte Tabu-Zone zu klassifizieren. Soweit der Abstand zwischen einer RWEA und einer der Wohnnutzung dienenden baulichen Anlage weniger als das Dreifache der Gesamthöhe (Nabenhöhe + ½ Rotordurchmesser) der RWEA beträgt, setzt die Klassifikation dieser Abstandsfläche als harte Tabu-Zone zumindest eine Einzelfallprüfung voraus. Dass es sich schlechthin um eine als weiche Tabu-Zone zu klassifizierende Fläche handeln soll, ist in der Pauschalität der Aussage des OVG NRW nicht begründbar.

---

75 S. OVG NRW, NWVBl. 2007, S. 59, 60; nachgehend BVerwG, NVwZ 2007, S. 336 f.; OVG NRW, NuR 2010, S. 888 ff.; nachgehend BVerwG, BauR 2011, S. 813 f.

76 S. OVG NRW, NWVBl. 2007, S. 59, 60; nachgehend BVerwG, NVwZ 2007, S. 336 f.; OVG NRW, NuR 2010, S. 888 ff.; nachgehend BVerwG, BauR 2011, S. 813 f.

77 S. OVG Lüneburg, Beschl. v. 20.07.2012, Az.: 12 ME 75/12, juris = red. Leitsatz in BauR 2012, S. 1831.

78 S. OVG NRW, NWVBl. 2007, S. 59, 60; nachgehend BVerwG, NVwZ 2007, S. 336 f.; OVG NRW, NuR 2010, S. 888 ff.; nachgehend BVerwG, BauR 2011, S. 813 f.

Das LANUV NRW konstatierte, durch Siedlungen als eine Raumnutzungsart (ASB) und Einzelgehöfte im Außenbereich seien unter Berücksichtigung einer notwendigen Pufferzone zu RWEA bereits ca. 78 % der Landesfläche in Anspruch genommen.[79]

bb. Zivilrechtliche Grundstücksverfügbarkeit

Aus rechtlichen Gründen ist eine Nutzung der Windenergie auf solchen Grundstücken schlechthin nicht möglich, deren Eigentümer kraft § 903 S. 1 BGB mit ihnen insoweit anders verfahren und diese Nutzungsart ausschließen wollen. Die Rechtsfrage, ob die planende Gemeinde indes verpflichtet ist, diese für die Nutzung der Windenergie nicht mehr zur Verfügung stehenden Grundstücke anlässlich der Aufstellung eines Flächennutzungsplans mit den Rechtswirkungen des § 35 Abs. 3 S. 3 BauGB zu ermitteln und folgerichtig als sog. harte Tabu-Zonen zu kennzeichnen, wird unterschiedlich beurteilt.

Der VGH München führte in einem Beschluss vom 20.04.2012[80] aus, dass die inzident auf ihre Rechtmäßigkeit zu beurteilende Konzentrationsflächenplanung der am Rechtsstreit beteiligten Gemeinde ein solches Vorgehen jedenfalls (auch) nicht erkennen lasse.[81] Das Gericht legte wenige Zeilen zuvor und auch anschließend dar, welche (anderen) entscheidungserheblichen Rechtsfehler der Konzentrationsflächenplanung anhafteten. Dem obiter dictum des VGH Mün-

---

79 S. *LANUV NRW*, Potenzialstudie Erneuerbare Energien NRW – Windenergie, S. 54, 71 ff. 105 f. Das *LANUV NRW* weist allerdings darauf hin, dass dieser Prozentsatz aus sich ggf. überlagernden Ausschluss- und Einzelfallprüfungsbereiche ergeben habe. Inwieweit eine solche Überlagerung tatsächlich vorliegt, wurde nicht ausgewiesen. Soweit Außenbereichsflächen einer Gemeinde für die Errichtung und den Betrieb von WEA zwar nicht grundsätzlich, jedoch im Einzelfall von Rechts wegen ausgeschlossen sind, sollen diese Einzelfallprüfungsbereiche ggf. sog. weiche Tabu-Zonen darstellen. Für flächenintensivere Großvorhanden (z. B. Windpark) seien insoweit auch Gewerbe- und Industrieansiedlungsbereiche (GIB) mit berücksichtigt worden (s. *LANUV NRW*, aaO., S. 54).

80 VGH München, Beschl. v. 20.04.2012, Az.: 22 CS 12.310.

81 S. VGH München, Beschl. v. 20.04.2012, Az.: 22 CS 12.310, Rdnr. 22, juris.

chen kann entnommen werden, dass die durch das Zivilrecht bedingte und beschränkte Grundstücksverfügbarkeit bei der Konzentrationszonenplanung beachtlich sei.

Allerdings ist diese Rechtsauffassung auf Kritik gestoßen.[82] So habe eine Gemeinde lediglich solche Belange in die Abwägung mit einzubeziehen, die von vornherein erkennbar seien.[83] Eine anlasslose Erforschungspflicht bestehe nicht; jedoch sei die Gemeinde dann verpflichtet, die Grundstücksverfügbarkeit zu prüfen, soweit diese als Vollzugshindernis der Realisierung der Planung entgegenstehe.[84]

Die Kritik an der im o. g. Beschluss des VGH München geäußerten Rechtsaufassung ist berechtigt. Grundsätzlich gilt im Recht der Bauleitplanung, dass nicht erkennbare, nicht von den Betroffenen vorgetragene Belange nicht abwägungserheblich sind.[85] Nichts anderes kann hinsichtlich der Konzentrationszonenplanung gelten, die ausweislich §§ 1 Abs. 2, 35 Abs. 3 S. 3 BauGB Bauleitplanung ist. Jedenfalls ist die Gemeinde nicht verpflichtet, die Eigentümer der in einer potentiellen Konzentrationszone gelegenen Grundstücke zu befragen, ob und ggf. inwieweit sie ihr Recht aus § 903 S. 1 BGB zum Nachteil der Nutzung der Windenergie ausüben werden. Eine solche Erforschungspflicht trifft die Gemeinde allerdings ausnahmsweise dann, soweit ein einzelner Eigentümer bzw. wenige Eigentümer von in einer potentiellen Konzentrationszone gelegenen Grundstücken aufgrund der Befugnis aus § 903 S. 1 BGB die Realisierung der Bebauung einer Konzentrationszone verhindern kann bzw. können. In einem solchen Fall wäre die Aufstellung eines Flächennutzungsplans nicht erforderlich, da der Planverwirklichung auf unabsehbare Zeit rechtliche Hindernisse entgegenstünden.[86]

---

82 Krit. *Werner/Würfel*, NVwZ 2013, S. 263 ff.

83 S. *Werner/Würfel*, NVwZ 2013, S. 263, 265.

84 S. *Werner/Würfel*, NVwZ 2013, S. 263, 265.

85 S. BVerwGE 59, S. 87, 102; vgl. BVerwGE 50, S. 290, 332 f.

86 Vgl. BVerwG, DVBl 2013, S. 507.

cc. *Bauliche Infrastrukturanlagen*

Das Spannungsverhältnis zwischen der raumbezogenen Fachplanung, dem Zulassungsinstrumentarium vieler Infrastrukturanlagen, und der Bauleitplanung[87] ist in Ansehung der Windenergienutzung in der Regel nach dem Prinzip der zeitlichen Priorität zu lösen.[88] Da die in Gestalt von Planfeststellungsbeschlüssen bzw. Plangenehmigungen genehmigten und errichteten baulichen Anlagen der Infrastruktur (Straßen, Eisenbahntrassen, Flughäfen) eine hinreichende Verfestigung der raumbezogenen Fachplanung darstellen, hat die zeitlich nachfolgende Bauleitplanung betreffend die Windenergienutzung Rücksicht auf diese raumbezogene Fachplanung zu nehmen, die einen zeitlichen Vorsprung aufweist.[89] [90]

Die dieser hinreichend verfestigten Planung unmittelbar dienenden Flächen stehen der Nutzung der Windenergie schlechthin nicht mehr zur Verfügung; sie sind als harte Tabu-Zonen zu klassifizieren. Die (o. g.) baulichen Anlagen der Infrastruktur genießen einen besonderen Schutz durch das Bestehen von Anbauverboten bzw. -beschränkungen auch zulasten von RWEA. In Abhängigkeit der baulichen Anlage des Fachplanungsrechts ergeben sich solche Verbote bzw. Beschränkungen beispielsweise aus § 9 FStrG, § 25 StrWG NRW, §§ 12 LuftVG.[91] Soweit ein Anbauverbot bzw. eine Anbaubeschränkung kraft Gesetzes besteht bzw. die zuständige Behörde zwar einen Dispens erteilen kann, jedoch diesen verweigert hat, sind die

---

87 Vgl. §§ 7, 38 BauGB.

88 Vgl. BVerwG NVwZ 2003, S. 207, 208; weiterführend *Rolshoven*, NVwZ 2006, S. 516, 520, 521; vgl. allgemein *Maslaton*, NVwZ 2013, S. 542 ff.

89 Vgl. BVerwG NVwZ 2003, S. 207, 208.

90 Der Prioritätsgrundsatz ist im Falle konkurrierender Planungsvorstellungen ein wichtiges Abwägungskriterium (s. BVerwG NVwZ 2003, S. 207, 208; *Bonk/Neumann*, in: Stelkens/Bonk/Sachs, § 74 VwVfG, Rdnr. 107).

91 Die zu Eisenbahntrassen einzuhaltenden Abstände sind, soweit ersichtlich, weder durch Gesetz noch durch ein technisches Regelwerk festgelegt. Das im Einzelfall als Träger öffentlicher Belange zu beteiligende Eisenbahnbundesamt wird die zu Eisenbahntrassen einzuhaltenden Mindestabstandsflächen festlegen. Zum Luftverkehrsrecht *Weiss*, NVwZ 2013, S. 14 ff.

diesen Verboten bzw. Beschränkungen unterfallenden Flächen als harte Tabu-Zonen zu klassifizieren.[92]

Nach den Berechnungen des LANUV NRW stehen somit weitere 9 % der Landesfläche für die Windenergienutzung nicht mehr zur Verfügung.[93]

dd. Gebiets- und Artenschutz; Gewässerschutz

In der Praxis sind häufig Belange des Gebiets- und Artenschutzes – gelegentlich auch des Gewässerschutzes – mit der Windenergienutzung schwerlich zu vereinbaren.

(1). FFH-Gebiete und Europäische Vogelschutzgebiete

Ein Flächennutzungsplan mit Rechtswirkungen des § 35 Abs. 3 S. 3 BauGB stellt in Ansehung des geltenden wirkungsbezogenen Projektbegriffs ein Projekt i. S. d. § 34 Abs. 1 S. 1 BNatSchG dar[94], sodass es vor seinem Inkrafttreten einer Prüfung bedarf, ob seine späteren Rechtsfolgen einzeln oder im Zusammenwirken mit anderen Projekten oder Plänen geeignet sind, ein Natura 2000-Gebiet (FFH-Gebiet oder Europäisches Vogelschutzgebiet)[95], d. h. sog. FFH-Lebensräume, FFH-Arten und VRL-Arten und wandernde Vogelarten (Vorkommen WEA-empfindlicher Vogelarten nach Anh I und Art. 4 Abs. 2 VRL), erheblich zu beeinträchtigen. Eine erhebliche Beeinträchtigung – dazu Art. 6 Abs. 3 S. 1 FFH-RL[96] – liegt vor, soweit die festgelegten Erhaltungsziele gefährdet sind.[97] [98] Soweit diese erhebliche Beeinträch-

---

92 Vgl. auch VG Minden, ZNER 2013, S. 89 ff.

93 S. *LANUV NRW*, Potenzialstudie Erneuerbare Energien NRW – Windenergie, S. 73.

94 Vgl. OVG NRW, NWVBl. 2011, S. 322, 323; *Gellermann*, in: Landmann/Rohmer, Umweltrecht, Bd. II, § 34 BNatSchG, Rdnr. 2.

95 S. *Gellermann*, in: Landmann/Rohmer, Umweltrecht, Bd. II, § 34 BNatSchG, Rdnr. 2.

96 S. *Gatz*, DVBl. 2009, S. 737, 743.

97 S. *Gatz*, DVBl. 2009, S. 737, 743.

98 Vgl. dazu *Messerschmidt*, NuR 2013, S. 168 ff.

tigung zu befürchten ist und die Voraussetzungen des § 34 Abs. 3 BNatSchG nicht vorliegen, ist die Projektverwirklichung gemäß § 34 Abs. 2 BNatSchG unzulässig. Aufgrund ihrer Beschaffenheit dürften die Errichtung und der Betrieb von RWEA innerhalb von Natura 2000-Gebieten in aller Regel nicht zulässig sein; diese Gebiete dürften als harte Tabu-Zonen zu klassifizieren sein.[99] Dies setzt allerdings stets eine Prüfung des Einzelfalls voraus, denn die Planungsträgerin hat naturschutzrechtliche Ausnahme- und Befreiungsmöglichkeiten in ihre Planung aufzunehmen.

(2). Schutzgebiete des nationalen Rechts, Landschaft und Wald

Unbeschadet der unionsrechtlichen Schutzgebiete (FFH- bzw. Vogelschutzgebietsmeldungen sind in Nordrhein-Westfalen abgeschlossen: 518 FFH-Gebiete und 28 Vogelschutzgebiete) und der Regelung des § 34 Abs. 7 S. 1 BNatSchG[100] sind die im nationalen Recht ausgewiesenen Naturschutzgebiete (§ 23 BNatSchG), Nationalparke und Nationale Naturmonumente (§ 24 BNatSchG), Biosphärenreservate (§ 25 BNatSchG) sowie gesetzlich geschützte Biotope (§ 30 BNatSchG) als harte Tabu-Zonen zu klassifizieren.[101] Ebenso gesetzlich geschützte Landschaftsbestandteile gemäß § 47 LG.[102] [103]

Die in den Landschaftsschutzgebieten i. S. d. § 26 BNatSchG nach Maßgabe Ordnungsbehördlicher Verordnungen nach §§ 42a Abs. 1 i. V. m. 21 und 34 Abs. 2 LG der höheren Landschaftsbehörde oder nach Maßgabe des Landschaftsplans bestehenden Bauverbote bzw. -beschränkungen können im Einzelfall der Windenergienutzung entgegen stehen (Schutz vor der sog. Verspargelung der Land-

---

99 Vgl. statt vieler *Scheidler*, KommJur 2012, S. 367, 370; krit. OVG NRW, DVBl. 2013, S. 1129, 1132.

100 Vgl. dazu *Gellermann*, in: Landmann/Rohmer, Umweltrecht, Bd. II, § 34 BNatSchG, Rdnr. 48.

101 S. OVG NRW, DVBl. 2013, S. 1129 ff.; *Scheidler*, KommJur 2012, S. 367, 369, 370.

102 S. Ziff. 8.2.1.2 WEE.

103 Vgl. auch *Attendorn*, NuR 2013, S. 153 ff.

schaft).[104] Es können nach Maßgabe des § 29 Abs. 4 LG dem Flächennutzungsplan (mit Rechtswirkungen nach § 35 Abs. 3 S. 3 BauGB) widersprechende Darstellungen und Festsetzungen des Landschaftsplans außer Kraft treten. Weiterhin können nach § 34 Abs. 4a LG von den Verboten nach § 34 Abs. 1 bis 4 LG von der Landschaftsbehörde solche Ausnahmen zugelassen werden, die im Landschaftsplan nach Art und Umfang ausdrücklich vorgesehen sind. Außerdem kann gemäß § 67 BNatSchG und § 69 LG von diesen Verboten eine Befreiung erteilt werden.

Bei der Aufstellung eines gesamträumlichen Planungskonzepts hat die Gemeinde die in ihrem Gebiet liegenden Waldflächen i. S. d. § 2 BundeswaldG und § 1 LFoG zu berücksichtigen. Soweit in einem Regionalplan eine Nutzung der Windenergie auf Waldflächen nicht ausgewiesen ist, prüft die Regionalplanungsbehörde in einem Verfahren nach § 34 LPlG, ob die Ausweisung von Waldflächen durch einen Flächennutzungsplan zugunsten der Windenergienutzung mit den Zielen der Raumordnung zu vereinbaren ist.[105] Der Landesentwicklungsplan Nordrhein-Westfalen (1995), er wird gerade überarbeitet, lässt ausweislich Ziel B III 3.21 des LEP im Einzelfall eine Inanspruchnahme von Waldflächen zu, wenn die angestrebte Nutzung nicht außerhalb des Waldes realisierbar ist. Eine Inanspruchnahme von Waldflächen ist gemäß Ziel B III 3.22 des LEP aus landesplanungsrechtlicher Sicht dann unvermeidbar, wenn der Waldanteil einer Gemeinde mehr als 60 % des Gemeindegebiets beträgt. Soweit aber eine Vereinbarkeit mit den Zielen der Raumordnung zu konstatieren ist, kann sich die Forstbehörde, die in entsprechender Anwendung des § 7 BauGB prüft, ob sie für die Windenergienutzung auf bestimmten Waldflächen eine nach Maßgabe des § 43 LFoG i. V. m. § 9 Abs. 1 und 3 BundeswaldG erforderliche Genehmigung zur Waldum-

---

104 Krit. OVG Magdeburg, Beschl. v. 16.03.2012, Az.: 2 L 2/11, juris Rdnr. 14.

105 Weist ein Regionalplan eine Nutzung der Windenergie auf Waldflächen aus, so kann der Flächennutzungsplan einer Gemeinde in Ansehung des § 1 Abs. 4 BauGB diese Ausweisung lediglich konkretisieren.

wandelung nach § 9 BundeswaldG i. V. m. §§ 39, 42 LoFG in Aussicht stellt und später erteilen kann, auf einen Widerspruch der Flächennutzungsplanung zu den Zielen der Raumordnung nicht berufen. Kann eine Waldumwandlungsgenehmigung nicht in Aussicht gestellt bzw. nicht erteilt werden, so ist die Waldfläche folglich als harte Tabu-Zone zu klassifizieren. Gleiches gilt, soweit diese Waldfläche bereits den Regelungen des Gebiets- bzw. des Artenschutzes (dazu sogleich) unterliegt.[106]

(3). Artenschutz

Die Rechtspflicht, im Verfahren zwecks Aufstellung eines Flächennutzungsplans mit Rechtswirkungen des § 35 Abs. 3 S. 3 BauGB eine Artenschutzprüfung gemäß § 44 Abs. 1 BNatSchG vorzunehmen, folgt aus §§ 44 Abs. 1, 5, 6, 45 Abs. 7 BNatSchG (vgl. auch Art. 12, 13 16 FFH-RL, Art. 5, 9, 13 V-RL).[107] In entsprechender Anwendung des § 17 Abs. 4 BNatSchG ist zu klären, ob durch die Errichtung und den Betrieb von RWEA den in § 44 Abs. 1 Nr. 1 bis 4 BNatSchG normierten Zugriffsverboten auf die (besonders/streng) geschützten Arten (sog. windenergieempfindliche)[108] auf einem oder mehreren Wirkpfaden zuwidergehandelt wird. D. h., dass aus den artenschutzrechtlichen Zugriffsverboten die Vollzugsunfähigkeit eines Flächennutzungsplans (mit den Rechtswirkungen des § 35 Abs. 3 S. 3 BauGB) folgen kann. Ist dies der Fall und ist für eine Befreiung nach § 67 BNatSchG bzw. § 45 Abs. 7 BNatSchG kein Raum, so sind die Lebensstätten dieser Arten als harte Tabu-Zonen zu klassifizieren.

Ob und in welchem Abstand zu diesen Lebensstätten – aber auch zu den durch Unionsrecht und nationales Recht geschützten

[106] Vgl. VGH Kassel, NuR 573 ff.

[107] Die Verfahren einer FFH-VP und einer ASP sind rechtlich eigenständig. So müssen beide Prüfungsverfahren durchgeführt werden, soweit ein Planungsvorhaben ein Natura 2000-Gebiet erheblich beeinträchtigt.

[108] Dabei handelt es sich vor allem um Brut-, Rast- bzw. Zugvögel sowie um Fledermäuse.

Gebieten bzw. Habitaten – eine Windenergienutzung rechtlich zulässig ist, ist eine Einzelfallbetrachtung.[109] Ein faunistisches Gutachten kommt als wesentliche Erkenntnisquelle in Betracht. Empfehlungen über die einzuhaltenden Abstände (sog. Pufferzonen) – z. B. Ziff. 8.1.4 WEE, sog. tierökologische Abstandskriterien – sind lediglich Ergebnisse einer typisierenden Betrachtung.[110] Das OVG Bautzen konstatierte im Falle des Rotmilans, dass ein signifikant erhöhtes artenschutzrechtliches Tötungs- und Verletzungsrisiko allerdings dann in der Regel vorliege, soweit der Abstand zwischen Horst und WEA weniger als 1.000 m betrage.[111] Insoweit wurde diese Entscheidung vom BVerwG bestätigt.[112]

Möglich ist allerdings, dass dem artenschutzrechtlichen Tötungs- und Verletzungsverbot[113] durch Abschaltszenarien einer WEA auf der Einzelzulassungsebene Rechnung getragen werden kann.[114]

(4). Gewässer

An Gewässern können – ggf. nach Maßgabe der Entscheidung der zuständigen Wasserbehörde im Einzelfall – Bauverbote bzw. Baubeschränkungen bestehen (vgl. nur § 38 Abs. 3 WHG i. V. m. § 97 Abs. 6 LWG, §§ 51 Abs. 1 und 2, 53 Abs. 4 WHG i. V. m. §§ 16, 14 LWG, § 78 WHG). Soweit – auch nach Maßgabe der Entscheidung der zuständigen Wasserbehörde im Einzelfall – solche Bauverbote bzw. Baubeschränkungen bestehen, sind die diesen Verboten und Beschränkungen unterfallenden Gebiete als harte Tabu-Zonen zu klassifizieren.

Je nach Szenario betragen die Flächen »Gewässer«, »Natur und Landschaft« und »Wald« zwischen 14 und 22 % der Landesfläche.

---

109 Vgl. statt vieler OVG NRW, DVBl. 2013, S. 1129 ff.; VG Minden, ZNER 2010, S. 192 ff.; VG Hannover, ZNER 2012, S. 656 ff.; VG Arnsberg, ZNER 2013, S. 75 ff.; s. *Gatz*, DVBl. 2009, S. 737, 743.

110 Vgl. *Gatz*, DVBl. 2009, S. 737, 743.

111 OVG Bautzen, Urt. v. 19.01.2012, 2 L 124/09, juris Rdnr. 94.

112 S. BVerwG, KommJur 2013, S. 394, 396.

113 Vgl. auch OVG NRW, NWVBl. 2013, S. 407 ff.

114 Vgl. auch OVG NRW, DVBl. 2013, 1129 ff.

ee. *Dargestellte Gebietskulissen in der Untersuchung des LANUV NRW*

Die dargestellten Einzelergebnisse (Inanspruchnahme der Landesfläche durch die jeweilige Raumnutzungsart als Vomhundertsatz) rekrutieren sich laut Angaben des LANUV NRW aus den Ergebnissen einer Untersuchung von sog. Ausschlussbereichen und sog. Einzelfallprüfungsbereichen, die sich teilweise überschneiden können.[115]

ff. *Vorschriften zum Schutze vor Lärmimmissionen*

Die Vorschriften zum Schutze vor schädlichen Umwelteinwirkungen (hier durch Lärmimmissionen) determinieren unbeschadet u. a. des Gebots der städtebaulichen Rücksichtnahme den zwischen RWEA und einer etwaigen Wohnbebauung erforderlichen räumlichen Abstand. Schädliche Umwelteinwirkungen im Sinne des BImSchG sind nach § 3 Abs. 1 BImSchG Immissionen, die nach Art, Ausmaß oder Dauer geeignet sind, Gefahren, erhebliche Nachteile oder erhebliche Belästigungen für die Allgemeinheit oder die Nachbarschaft herbeizuführen. Die einzuhaltenden Immissionswerte gelten gebietsabhängig und tragen somit dem unterschiedlichen Schutzbedürfnis der von dem Lärm betroffenen Gebiete Rechnung (vgl. Nr. 6 TA Lärm). Die für Kern-, Dorf- und Mischgebiete geltenden Werte gelten nach der Rechtsprechung für den bauplanungsrechtlichen Außenbereich.[116]

Die aus dem Immissionsschutzrecht folgenden Abstandsflächen sind in der Regel als harte Tabu-Zonen zu klassifizieren.[117] Nach der Abwägungsdirektive[118] des § 50 S. 1 BImSchG sind bei raumbedeutsamen Planungen und Maßnahmen die für eine bestimmte Nutzung

---

115 S. *LANUV NRW*, Potenzialstudie Erneuerbare Energien NRW – Windenergie, S. 73.

116 S. OVG NRW, BauR 2003, S. 240 ff.

117 Den für die Nachtzeit geltenden, strengeren Werten kann ggf. durch eine Drosselung der Leistung einer RWEA in der Nacht oder gar durch eine Nachtabschaltung entsprochen werden.

118 S. *Schoen*, in: Landmann/Rohmer, Umweltrecht, Bd. III, § 50 BImSchG, Rdnr. 30.

vorgesehenen Flächen einander so zuzuordnen, dass schädliche Umwelteinwirkungen auf die ausschließlich oder überwiegend dem Wohnen dienenden Gebiete sowie auf sonstige schutzbedürftige Gebiete, insbesondere öffentlich genutzte Gebiete, wichtige Verkehrswege, Freizeitgebiete und unter dem Gesichtspunkt des Naturschutzes besonders wertvolle oder besonders empfindliche Gebiete und öffentlich genutzte Gebäude, so weit wie möglich vermieden werden. Unter welchen Voraussetzungen anderen als durch diese Abwägungsdirektive, die die Regelung des § 1 Abs. 6 Nr. 7 lit. e) 1. Alt. BauGB verschärft,[119] privilegierten Belangen im Wege der Abwägung der Vorrang eingeräumt werden kann,[120] kann dahin stehen. Eine Flächennutzungsplanverwirklichung ist nämlich ausgeschlossen, soweit in dem für die Nutzung der Windenergie ausgewiesenen Gebiet RWEA immissionsschutzrechtlich - aufgrund der Vorschriften über den Schutz vor Lärmimmissionen - nicht genehmigungsfähig sind.

gg. Erholung und Tourismus

In Ausübung ihrer Planungshoheit kann eine Gemeinde durch die Aufstellung eines Flächennutzungsplans einem Gebiet vor allem die aus § 5 Abs. 2 BauGB ersichtlichen Funktionen und Nutzungsarten zuweisen. So können Gebiete Erholungsfunktionen übernehmen bzw. dem Tourismus dienen. Diesen städtebaulichen Belangen kann ein durchaus erhöhtes Gewicht innewohnen.[121] Solche Gebiete können sich ebenso für die Nutzung der Windenergie eignen. Soweit eine Gemeinde ihren städtebaulichen Planungsvorstellungen folgend der Windenergienutzung nicht den Vorrang gibt, sind diese Gebiete dann als weiche Tabu-Zonen zu klassifizieren.

---

[119] S. *Schoen*, in: Landmann/Rohmer, Umweltrecht, Bd. III, § 50 BImSchG, Rdnr. 57.

[120] Vgl. dazu BVerwGE 143, S. 24 ff.

[121] S. *Scheidler*, KommJur 2012, S. 367, 371.

hh. Zwischenergebnis

Soweit eine Gemeinde in Ausübung ihres Planungsermessens eine o. g. Nutzung vorbehaltende Fläche zutreffend als eine harte Tabu-Zone klassifiziert hat, bedarf es keiner Abwägung mehr, ob und ggf. inwieweit die Windenergienutzung auf diesen Flächen zugelassen werden soll.

d. Pflicht zur Ermittlung und Darstellung von Konzentrations(mindest)flächen

Die nach Abzug der sog. harten und weichen Tabu-Zonen verbleibende Fläche des Außenbereichs (Potentialfläche) kann unter Abwägung aller für und wider eine Windenergienutzung streitenden Belange als sog. Konzentrationszone(n) i. S. d. § 35 Abs. 3 S. 3 BauGB ausgewiesen werden. Den Begriff der Konzentrationszone enthält das Gesetz nicht; er ist eine Wortschöpfung der Praxis.[122] In welchem quantitativen bzw. qualitativen Umfang diese Ausweisung zu erfolgen hat, um einen rechtswirksamen Flächennutzungsplan mit den Rechtswirkungen des § 35 Abs. 3 S. 3 BauGB aufzustellen, hat weder der Gesetzgeber expressis verbis noch die Rechtsprechung positiv[123] festgelegt. Diese Frage ist mittels der juristischen Auslegungsmethoden zu beantworten.

aa. Wortlautargument

Der Wortlaut des § 35 Abs. 3 S. 3 BauGB ist zur Beantwortung dieser Frage nur teilweise ergiebig. Der Gesetzgeber gebraucht die Formulierung »eine Ausweisung an anderer Stelle«, sodass davon ausgegangen werden kann, lediglich eine Ausweisung einer Konzentrationszone sei ausreichend.[124] Aufgrund des insoweit sprachlich klar und im Singular gefassten Gesetzeswortlauts überzeugt dieses Argument.

---

122 S. *Gatz*, DVBl. 2009, S. 737, 740.

123 S. *Gatz*, DVBl. 2009, S. 737, 739.

124 S. OVG NRW, NVwZ 2002, S. 1135, 1136.

Allerdings ist eine alleine am Gesetzeswortlaut orientierte Auslegung nicht ergiebig um die Frage zu klären, welche Fläche diese eine Konzentrationszone umfassen muss. Ebenso ist unklar, ob diese Konzentrationszone geeignet sein muss, der Windenergienutzung einen wirtschaftlich optimalen Ertrag zu sichern.[125] Insoweit ist eine Gemeinde jedenfalls expressis verbis nicht verpflichtet.[126]

bb. Entstehungsgeschichtlich-systematische Auslegungsmethode

Mit dem Erlass des § 35 Abs. 3 S. 3 BauGB verfolgte der damalige Gesetzgeber das Ziel, WEA im bauplanungsrechtlichen Außenbereich an Standorten konzentriert zuzulassen. Dieses Ziel besteht unverändert fort. Von einer Konzentration, d. h. Bündlung, von WEA kann allerdings nur dann gesprochen werden, sofern in einer Konzentrationszone nicht nur eine WEA errichtet werden kann.[127] Folglich muss eine Konzentrationszone eine gewisse Mindestfläche aufweisen. In entsprechender Anwendung der Vorschriften Nr. 1.6.3 der Anlage 1 zum UVPG wird, da eine Windfarm aus mindestens 3 WEA besteht, angenommen, eine Konzentration von WEA setze voraus, dass in einer solchen Konzentrationszone mindestens 3 WEA müssen errichtet werden können.[128] Eine Mindestfläche sei somit ermittelbar. Dies ist zutreffend, denn nach der Definition einer Windfarm i. S. d. Nr. 1.6.3 der Anlage 1 zum UVPG besteht eine Windfarm aus WEA mit einer Gesamthöhe von jeweils mehr als 50 m. Insofern kann die Mindestfläche einer Konzentrationsfläche genau bestimmt werden. Sie muss nämlich die Fläche umfassen, die erforderlich ist, um mindestens drei WEA mit einer jeweiligen Gesamthöhe von mindestens 50,1 m gebündelt errichten zu können.

---

125 Ablehnend bereits OVG NRW, NVwZ 2002, S. 1135; nachgehend BVerwG, NVwZ 2003, S. 733 ff.

126 Vgl. BVerwGE 117, S. 287 ff.

127 S. *Gatz*, DVBl. 2009, S. 737, 739.

128 S. *Gatz*, DVBl. 2009, S. 737, 739.

Dass als Maßstab eine RWEA (mit einer Gesamthöhe von 200 m – und mehr) zugrunde zu legen ist, kann Nr. 1.6.3 der Anlage 1 zum UVPG i. V. m. § 35 Abs. 3 S. 3 BauGB mittels einer entstehungsgeschichtlich-systematischen Auslegungsmethode gerade nicht entnommen werden. Ebenso kann nicht festgestellt werden, dass die Gemeinde eine Konzentrationszone auszuweisen hat, deren Fläche der Windenergienutzung einen wirtschaftlich optimalen Ertrag sichert.

cc. Systematisch-teleologische Auslegungsmethode

Der erklärte und insbesondere in § 35 Abs. 1 Nr. 3 und 5 BauGB zum Ausdruck kommende Wille des Gesetzgebers war und ist es, die Windenergie als eine im Außenbereich privilegierte Nutzungsart zuzulassen. Die Art und der Umfang dieser Privilegierung wird durch § 35 Abs. 1 Nr. 1, 3, 4 und 5 BauGB konkretisiert. Dass sich diese Privilegierung grundsätzlich lediglich auf WEA mit einer bestimmten Gesamthöhe beschränkt, kann der Vorschrift nicht entnommen werden. Auch nach anderen Vorschriften wird die Nutzung der Windenergie nicht verboten bzw. beschränkt (anders z. B. Einzelhandel oder Vergnügungsstätten).[129] Folglich kommen auch RWEA, d. h. WEA mit einer Größe von fast 200 m Gesamthöhe, – und sogar WEA mit einer Gesamthöhe von mehr als 200 m – in den Genuss einer bauplanungsrechtlichen Außenbereichsprivilegierung.

Der planenden Gemeinde ist es verwehrt, diese Grundsatzentscheidung des Gesetzgebers zu konterkarieren.[130] Soweit sie einen Flächennutzungsplan mit den Rechtswirkungen des § 35 Abs. 3 S. 3 BauGB aufstellt, muss die dann notwendig auszuweisende Konzentrationszone eine Mindestfläche aufweisen, die die Errichtung und den Betrieb von mindestens 3 dem aktuellen Stand der Technik entsprechenden WEA (derzeit wohl RWEA) erlaubt. Entsprechend dieser juristischen Auslegungsmethoden kann der von dem BVerwG ge-

---

129 S. BVerwG, DVBl. 507, 509.

130 Vgl. BVerwG, DVBl. 2013, S. 507, 509.

prägte, unbestimmte Begriff des substanziellen Raumes (Substanz = Grundstock)[131] konkretisiert werden.

Dass die Gemeinde eine Konzentrationszone auszuweisen hat, deren Fläche der Windenergienutzung einen wirtschaftlich optimalen Ertrag sichert, kann dieser Auslegungsmethode ebenfalls nicht entnommen werden,[132] denn die Gemeinde ist nicht verpflichtet, der Windenergienutzung gegenüber anderen durch § 35 Abs. 1 BauGB geschützten Interessen insoweit den Vorrang einzuräumen.[133] Allerdings muss die ausgewiesene Konzentrationszone einen wirtschaftlichen Betrieb von WEA ermöglichen.

dd. Teleologische Auslegungsmethode

Die teleologische Auslegungsmethode alleine ist unergiebig, dem § 35 Abs. 3 S. 3 BauGB Determinanten für eine positive Definition des Begriffs des »substanziellen Raums« entnehmen zu können.

Der 4. Senat des BVerwG stellte in einem obiter dictum (Urteil vom 13.12.2012) zutreffend klar, dass nicht ausschließlich auf das Verhältnis zwischen der im Flächennutzungsplan dargestellten Fläche einer Konzentrationszone und der Potentialfläche – ermittelt nach Abzug der harten Tabu-Zonen – abgestellt werden könne, um den substanziellen Raum zu definieren.[134] Ein solcher Vergleich habe keinen Anspruch auf »Exklusivität«.[135] So kann der Wille des Gesetzgebers nicht (alleine) dahingehend ausgelegt werden, dass die Konzentrationszone einen bestimmten prozentualen Anteil im Vergleich zu den Potentialflächen[136], der Größe des Gemeindegebietes bzw. den

131 http://www.duden.de/node/646444/revisions/1160836/view.
132 Ablehnend auch OVG NRW, NWVBl. 2012, S. 473, 475 f.
133 S. BVerwGE 117, S. 287 f.
134 S. BVerwG, DVBl. 2013, 507, 508.
135 S. BVerwG, DVBl. 2013, 507, 508.
136 Vgl. BVerwG, DVBl. 2013, S. 507, 508, 509.

Ergebnissen der Planung einer Nachbargemeinde[137] aufweisen müsse. *Gatz*, der als Richter im 4. Senat des BVerwG an dem genannten Urteil mitwirkte, konstatierte noch im Jahre 2009, dass bei einem zulässigen Größenvergleich die Annahme, in einer Konzentrationszone müsse mindestens ein Fünftel der auf den Potentialflächen möglichen WEA errichtet werden können, vertretbar sei.[138] Er räumte allerdings ein, dass sich dieser Prozentsatz mathematisch nicht ableiten ließe.[139] Der 4. Senat des BVerwG sprach sich allerdings zumindest gegen einen schematischen und allgemeinverbindlichen Größenvergleich aus. Ebenso ist auch eine entsprechende Anwendung von in anderen Gesetzen enthaltenden Größenvorgaben (Biotoverbund bestehend aus mindestens 10 % der Landesfläche – § 20 Abs. 1 BNatSchG)[140] nicht möglich. In Ermangelung eines insoweit erklärten Willen des Gesetzgebers kann eine solche Anwendung dem mutmaßlichen Willen des Gesetzgebers (angenommener Sinn und Zweck der Vorschrift des § 35 Abs. 3 S. 3 BauGB) nicht entnommen werden. Im Übrigen kann der Entscheidung des BVerfG vom 09.02.2010 (Höhe der Regelsätze nach dem SGB II) entnommen werden, dass generell-abstrakten Regelungen kaum ein konkreter mathematischer Wert zu entnehmen ist.[141] Nichts anderes kann bei der Auslegung des § 35 Abs. 3 S. 3 BauGB gelten.

ee. Zwischenergebnis

Soweit eine Gemeinde einen Flächennutzungsplan mit den Rechtswirkungen des § 35 Abs. 3 S. 3 BauGB aufstellt, ist sie lediglich verpflichtet eine Konzentrationszone auszuweisen, die die Errichtung und den Betrieb von mindestens 3 dem aktuellen Stand der Technik

---

137 Dazu die Übersicht über die verschiedenen Ansätze bei *Söfker*, in: Ernst/Zinkahn/Bielenberg/Krautzberger, § 35 BauGB, Rdnr. 124a; *Gatz*, DVBl. 2009, S. 737, 739 f.; *Bovet/Kindler*, DVBl. 2013, S. 488, 494 f.

138 S. *Gatz*, DVBl. 2009, S. 737, 739, 740.

139 S. *Gatz*, DVBl. 2009, S. 737, 739, 740.

140 S. Bovet/Kindler, DVBl. 2013, S. 488, 494.

141 Vgl. BVerfGE 125, S. 175 ff.

entsprechenden WEA zulässt. Viel spricht dafür, dass dann die Gemeinde der Nutzung der Windenergie bereits substanziell Raum gibt. Eine solche Konzentrationszone ist aber erkennbar zu klein, um die für die Zielerreichung der Energiewende erforderlichen 24,7 RWEA pro Kommune aufzunehmen. Bereits deshalb besteht die begründete Gefahr, dass die eingangs skizzierten Ziele der Energiewende nicht verwirklicht werden können.[142]

3. Ausweisung an anderer Stelle als entgegenstehender öffentlicher Belang

Die Rechtsqualität der »Ausweisung an anderer Stelle« bedingt und beschränkt die bauplanungsrechtliche Zulässigkeit vom WEA im übrigen Außenbereich des Planungsraums.

a. F-Plan mit Rechtswirkungen nach § 35 Abs. 3 S. 3 BauGB (als sachlicher bzw. räumlicher Teilflächennutzungsplan)

Ein Flächennutzungsplan mit den Rechtswirkungen nach § 35 Abs. 3 S. 3 BauGB muss das Gebiet einer Gemeinde räumlich nicht vollständig erfassen. Ebenso möglich ist, ausweislich § 5 Abs. 2 a BauGB, die Aufstellung eines Flächennutzungsplans als sachlicher bzw. räumlicher Teilflächennutzungsplan, wobei beim letztgenannten Teilplan, seine Rechtswirksamkeit unterstellt, die Rechtswirkungen des § 35 Abs. 3 S. 3 BauGB lediglich in dem jeweiligen Planungsraum eintreten.

---

142 Die Gefahr des Scheiterns der Verwirklichung der in § 1 Abs. 2 EGG definierten Ziele besteht ebenso. Der Energieträger der Windenergie wird mindestens zwischen 30 % und 50 % des Anteils der erneuerbaren Energien an der Erzeugung elektrischen Stroms übernehmen müssen. Aber spätestens dann sind die ab dem Jahre 2020 definierten Ziele in ihrer Verwirklichung gefährdet. Zwar könnte der im Landes NRW verbrauchte elektrische Strom im übrigen Bundesgebiet erzeugt werden, um die Bundesziele der erfüllen. Dann würde, die technische und letztendlich politische Machbarkeit unterstellt, dem Prinzip der dezentralen Erzeugung von elektrischem Strom – einem bis heute wesentlichen Prinzip der Energiewende – zuwider gehandelt.

b. *Ausweisung als Vorrang-, Vorbehalts- bzw. Eignungsgebiet*

Die räumliche Steuerung von RWEA ist durch die Ausweisung von in § 8 Abs. 7 ROG legaldefinierten Gebietstypen als Vorrang-, Vorbehalts- bzw. Eignungsgebiet im Flächennutzungsplan möglich.[143] [144] Insoweit ist die in § 8 Abs. 7 ROG genannte Raumbedeutsamkeit einer Funktion oder Nutzung jedoch ohne Belang. Diese Gebietstypen weisen signifikante Unterschiede in ihrer rechtlichen Bindungswirkung und in ihrer planerischen Zielqualität auf.[145]

Ein Vorranggebiet ist nach der Definition des § 8 Abs. 7 S. 1 Nr. 1 ROG für bestimmte raumbedeutsame Funktionen oder Nutzungen vorgesehen und schließt andere raumbedeutsame Nutzungen in diesem Gebiet aus, soweit diese mit den vorrangigen Funktionen oder Nutzungen nicht vereinbar sind. Vorranggebieten wohnt eine innergebietliche Zielwirkung, keine außergebietliche Ausschlusswirkung, inne.[146]

Ein Vorbehaltsgebiet ist nach der Definition des § 8 Abs. 7 S. 1 Nr. 2 ROG ein solcher Gebietstyp, in welchem bestimmten raumbedeutsamen Funktionen oder Nutzungen bei der Abwägung mit konkurrierenden raumbedeutsamen Nutzungen besonderes Gewicht beizumessen ist.[147] Folglich verfügen Vorbehaltsgebiete über keinen Zielcharakter.[148]

---

143 Eingehend *Gatz*, Windenergieanlagen in der Verwaltungs- und Gerichtspraxis, S. 65 ff.

144 Ausweislich § 5 Abs. 2 BauGB können insbesondere die dort beschriebenen Funktionen und Nutzungsarten in einem Flächennutzungsplan dargestellt werden. Die Aufzählung in § 5 Abs. 2 BauGB ist jedoch nicht abschließend.

145 S. *Bovet/Kindler*, DVBl. 2013, S. 488, 495.

146 S. *Bovet/Kindler*, DVBl. 2013, S. 488, 495; *Gatz*, DVBl. 2009, S. 737, 741.

147 Bei der Aufstellung eines Flächennutzungsplans ist ausweislich der Vorschriften § 1 Abs. 5 S. 2 lit. f BauGB und § 1a Abs. 5 BauGB die Förderung der Windenergie ein wichtiger, gleichwohl kein das Abwägungsergebnis ausschließlich determinierender Belang (s. *Scheidler*, KommJuR 2012, S. 367, 371 m. w. N.).

148 S. *Bovet/Kindler*, DVBl. 2013, S. 488, 495.

Ein Eignungsgebiet ist nach der Definition des § 8 Abs. 7 S. 1 Nr. 3 ROG ein solcher Gebietstyp, in welchem bestimmten raumbedeutsamen Maßnahmen oder Nutzungen, die städtebaulich nach § 35 BauGB zu beurteilen sind, andere raumbedeutsame Belange nicht entgegenstehen, wobei diese Maßnahmen oder Nutzungen an anderer Stelle im Planungsraum ausgeschlossen sind. Eignungsgebiete weisen eine Zielqualität nach Maßgabe der nutzungsbezogenen Ausschlusswirkung auf.[149] Sie lassen die innergebietliche Letztentscheidung zugunsten einer Nutzung offen.[150]

Folglich erzielt ein Flächennutzungsplan dann die Rechtswirkungen des § 35 Abs. 3 S. 3 BauGB (bauplanungsrechtliche Unzulässigkeit von RWEA an anderen als den im Planungsraum ausgewiesenen Gebieten), wenn der Vorranggebietstyp mit dem Eignungsgebietstyp verknüpft wird, d. h. Gebiete für eine Windenergienutzung müssen als Vorranggebiete mit den außergebietlichen Wirkungen von Eignungsgebieten ausgewiesen werden.[151] So kann im Recht der Raumordnung gemäß § 8 Abs. 7 S. 2 ROG bei Vorranggebieten für raumbedeutsame Nutzungen festgelegt werden, dass sie zugleich die Wirkung von Eignungsgebieten für raumbedeutsame Maßnahmen oder Nutzungen haben (vgl. auch § 12 Abs. 2 LPlG) (sog. positive Vorrang- und negative Ausschlusswirkung[152]). Entsprechendes gilt im Recht der Flächennutzungsplanung.[153]

II. Rechtsfolge des § 35 Abs. 3 S. 3 BauGB

In seiner Rechtsfolge bestimmt § 35 Abs. 3 S. 3 BauGB, dass die in dieser Vorschrift durch Bezugnahme auf § 35 Abs. 1 Nr. 2 bis 6 BauGB

---

149 S. *Bovet/Kindler*, DVBl. 2013, S. 488, 495; ausführlich dazu *Schmidt-Eichstaedt*, LKV 2012, S. 481, 484 ff.

150 S. *Bovet/Kindler*, DVBl. 2013, S. 488, 495; krit. *Schmidt-Eichstaedt*, LKV 2012, S. 481, 484 ff.

151 S. *Bovet/Kindler*, DVBl. 2013, S. 488, 495.

152 S. *Schübel-Pfister*, JuS 2013, S. 990, 992.

153 Vgl. BVerwG, NVwZ 2008, S. 559 ff.; OVG NRW, ZfBR 2002, S. 498 ff.; *Bovet/Kindler*, DVBl. 2013, S. 488, 495; *Gatz*, DVBl. 2009, S. 737, 740.

genannten und durch rechtswirksame Darstellung im Flächennutzungsplan[154] an anderen als den ausgewiesenen Standorten vorgesehenen Vorhaben in der Regel dann innerhalb des betreffenden Planungsraumes wegen des Entgegenstehens öffentlicher Belange bauplanungsrechtlich unzulässig sind.[155]

1. Regelvermutung

Mit dieser Regelvermutung hat der Gesetzgeber dem öffentlichen Interesse, im bauplanungsrechtlichen Außenbereich bestimmte WEA nur räumlich konzentriert zuzulassen, den Vorrang gegenüber – auf der Ebene der Flächennutzungsplanung berücksichtigungsfähigen – gegenläufigen und privaten Interessen gegeben. Dennoch steht § 35 Abs. 3 S. 3 BauGB einer Feindifferenzierung von auf der Ebene der Flächennutzungsplanung nicht berücksichtigungsfähigen Belangen nicht entgegen.[156]

2. Atypik des Sachverhalts

Soweit nämlich ein atypischer Sachverhalt vorliegt, greift die skizzierte Rechtsfolge des § 35 Abs. 3 S. 3 BauGB nicht ein. Um die Frage des Vorliegens eines atypischen Sachverhalts klären zu können, zieht die Rechtsprechung die zu § 31 Abs. 2 BauGB geltenden Grundsätze heran.[157] Die Annahme eines atypischen Sachverhalts steht grundsätzlich unter dem Vorbehalt, dass das Vorhaben die Grundzüge der Planung nicht berührt, d. h. das auf Ebene der Flächennutzungsplanung ge-

---

154 Auf die Raumbedeutsamkeit eines Vorhabens kommt es nicht an, soweit Darstellungen im Flächennutzungsplan die Rechtsfolge des § 35 Abs. 3 S. 3 BauGB auslösen sollen, denn lediglich raumbedeutsame Vorhaben können die Ziele der Raumordung berühren (s. *Söfker*, in: Ernst/Zinkahn/Bielenberg/Krautzberger, BauGB, Bd. 2, § 35 BauGB, Rdnr. 128).

155 S. *Söfker*, in: Ernst/Zinkahn/Bielenberg/Krautzberger, BauGB, Bd. 2, § 35 BauGB, Rdnr. 128.

156 S. OVG Lüneburg, ZfBR 2012, S. 55, 57.

157 S. *Söfker*, in: Ernst/Zinkahn/Bielenberg/Krautzberger, BauGB, Bd. 2, § 35 BauGB, Rdnr. 128a.

wonnene (Abwägungs-) Ergebnis darf nicht berührt und der in § 35 Abs. 3 S. 3 BauGB innewohnende Steuerungszweck nicht konterkariert werden.[158]

Dies vorausgeschickt kann ein atypischer Sachverhalt dann vorliegen, soweit eine WEA aufgrund ihrer Größe und Funktion als eine einem privilegierten Vorhaben untergeordnete Nebenanlage anzusehen ist.[159] Gleiches gilt, soweit eine WEA eine Lücke zwischen bestehenden WEA schließt und Immissionsschutzrecht und insbesondere die erforderlichen räumlichen Abstände zur Nachbarbebauung eingehalten werden.[160] Nicht zuletzt kann ein atypischer Sachverhalt angenommen werden, soweit eine WEA – aufgrund der topographischen Gegebenheiten – die Funktionen des betreffenden Landschaftsraumes nicht stört.[161]

Als Kriterien, die das Vorliegen eines atypischen Sachverhalts bedingen und beschränken, kommen deshalb zuvörderst Höhe, Dimension und Emission einer WEA und ihre Lage innerhalb eines Landschaftsraumes, insbesondere auch die Vorbelastung durch Altanlagen (Lückenfüllung), in Betracht.[162] Eine RWEA dürfte diesen Kriterien im Zweifel wohl nicht gerecht werden.

3. Zwischenergebnis

An anderen als den durch rechtswirksame Darstellung im Flächennutzungsplan ausgewiesenen Standorten ist eine RWEA in Ansehung der Vorschrift des § 35 Abs. 3 S. 3 bauplanungsrechtlich unzulässig. Ein atypischer Sachverhalt, in welchem letztendlich öffentliche Belange einer RWEA anderenorts nicht entgegenstehen, ist nicht erkennbar.

---

158 S. OVG Lüneburg, ZfBR 2012, S. 55, 57.

159 S. OVG Lüneburg, ZfBR 2012, S. 55, 57.

160 S. OVG Lüneburg, ZfBR 2012, S. 55, 57.

161 S. OVG Lüneburg, ZfBR 2012, S. 55, 57.

162 Vgl. OVG Lüneburg, ZfBR 2012, S. 55, 57.

III. Zwischenergebnis

Soweit eine Windenergienutzung innerhalb eines Gemeindegebiets aus tatsächlichen und rechtlichen Erwägungen jenseits des § 35 Abs. 3 S. 3 BauGB überhaupt (noch) möglich ist, ist eine Gemeinde aufgrund der städtebaulichen Regelung des § 35 Abs. 3 S. 3 BauGB rechtstheoretisch in der Lage, zumindest weitgehend anderen städtebaulichen Belangen den Vorrang vor der Nutzung der Windenergie zu geben. Soweit die Gemeinde zur Verwirklichung dieser städtebaulichen Vorstellungen einen Flächennutzungsplan mit den Rechtswirkungen des § 35 Abs. 3 S. 3 BauGB aufstellt, ist sie auch in Ansehung der Rechtsfolgenseite dieser Vorschrift in der Regel lediglich verpflichtet, eine Konzentrationszone auszuweisen, die die Errichtung und den Betrieb von mindestens 3 dem aktuellen Stand der Technik entsprechenden WEA zulässt, um der Nutzung der Windenergie, wie von dem BVerwG gefordert, substanziell Raum zu geben.

B. Justiziabilität der Konzentrationszonenplanung

Die Ausübung des aus der Bauplanungshoheit folgenden Planungsermessens zulasten von RWEA in einer Gemeinde wird nicht nur durch materiell-rechtliche Vorschriften bedingt und beschränkt, sondern vielmehr auch durch solche des Verwaltungsprozessrechts. Letztgenannte Vorschriften eröffnen oder verschließen die Möglichkeit, eine etwaige Rechtswidrigkeit einer Planung – abseits der Rechtstheorie – verwaltungsgerichtlich, d. h. rechtstatsächlich, klären zu lassen.

I. Unmittelbarer Rechtsschutz gegen den Flächennutzungsplan

Nach der Konzeption der VwGO ist unmittelbarer Rechtsschutz mittels (prinzipaler) Normenkontrolle ausweislich § 47 Abs. 1 Nr. 1 VwGO gegen Flächennutzungspläne nicht vorgesehen. Anders als der Bebauungsplan ist der Flächennutzungsplan keine Satzung i. S. d.

BauGB (§§ 10 Abs. 1, 5 BauGB).[163] Im Übrigen hat das Land NRW in Ansehung von Flächennutzungsplänen vor der Befugnis aus § 47 Abs. 1 Nr. 2 VwGO keinen Gebrauch gemacht.

Das BVerwG erkannte und erkennt jedoch an, dass Flächennutzungspläne mit Rechtswirkungen nach § 35 Abs. 3 S. 3 BauGB eine den Bebauungsplänen vergleichbare Funktion haben und (lediglich) insoweit der prinzipalen Normenkontrolle in entsprechender Anwendung des § 47 Abs. 1 Nr. 1 VwGO zugänglich seien.[164]

II. Verpflichtungsklage und immissionsschutzrechtliche Genehmigung

Neben der nach § 47 Abs. 2 S. 1 VwGO fristgebundenen prinzipalen Normenkontrolle kann im Verfahren einer auf die Erteilung einer immissionsschutzrechtlichen Genehmigung für eine RWEA gerichteten Verpflichtungsklage nach § 42 Abs. 1 Alt. 2 VwGO inzident ein Flächennutzungsplan mit Rechtswirkungen nach § 35 Abs. 3 S. 3 BauGB auf seine Rechtsmäßigkeit geprüft werden. Soweit die Erteilung einer immissionsschutzrechtlichen Genehmigung für ein solches Planungsvorhaben innerhalb des räumlichen Geltungsbereichs einer Konzentrationszone begehrt wird, kann inzident geklärt werden, ob etwaige dem Planungsvorhaben widersprechende Festsetzungen rechtmäßig sind. Eine solche Klärung ist ebenso möglich, soweit das Planungsvorhaben außerhalb des räumlichen Geltungsbereichs einer Konzentrationszone verwirklicht werden soll. Erweist sich nämlich der Flächennutzungsplan mit Rechtswirkungen nach § 35 Abs. 3 S. 3 BauGB aufgrund eines Fehlers als rechtsunwirksam, so

---

163 Vgl. BVerwGE 68, S. 311, 314; *Kopp/Schenke*, § 47 VwGO, Rdnr. 21 ff.; *Hufen*, Verwaltungsprozessrecht, § 19, Rdnr. 14 ff.

164 BVerwGE 128, S. 382 ff., nachfolgend BVerwG, BauR 2009, S. 475 ff.; BVerwG, NVwZ 2013, S. 1011 ff.; vgl. auch BVerwGE 119, S. 217 ff. und *Bringewat*, NVwZ 2013, S. 984 ff; *Frey*, NVwZ 2013, S. 1184 ff. Dazu auch *Ziekow*, in: Sodan/Ziekow, § 47 VwGO, Rdnr. 79a; *Gerhardt/Bier*, in: Schoch/Schneider/Bier, § 47 VwGO, Rdnr. 17f.

richtet sich die bauplanungsrechtliche Zulässigkeit des Planungsvorhabens in Ermangelung öffentlicher Belange i. S. d. § 35 Abs. 3 S. 3 BauGB (wieder) alleine nach § 35 Abs. 1 BauGB.[165]

III. Justiziabilität der planungsträgerischen Bewertung einer Fläche als harte Tabu-Zone

Die Klassifikation einer Fläche als eine harte Tabu-Zone ist - wie dargestellt - von Rechts wegen nicht in jedem Fall zwingend. Nicht selten liegt dieser Klassifikation eine planungsträgerische Bewertung zugrunde, die wiederum lediglich einer inhaltlich eingeschränkten verwaltungsgerichtlichen Kontrolle unterliegt.[166] Dies ist nicht zuletzt dann der Fall, soweit die Planungsträgerin Gebiete, die sog. windenergiesensiblen (Vogel- bzw. Fledermaus-) Arten als Lebensraum dienen, in Ansehung artenschutzrechtlicher Vorschriften und in Ermangelung von Ausnahme- und Befreiungsmöglichkeiten nach §§ 45 Abs. 7, 67 BNatSchG als harte Tabu-Zonen klassifiziert.[167] Bei einer dieser Flächenklassifikation zugrunde liegenden ökologischen Bewertung ist der Planungsträgerin[168] in Ermangelung von normkonkretisierenden Maßstäben[169] eine naturschutzfachliche Einschätzungsprärogative eröffnet.[170] Folglich wird die Bewertung der Planungsträgerin lediglich auf Nachvollziehbarkeit, allgemeine Erfahrungssätze, Freiheit von Willkür bzw. Verstöße gegen Denkgesetze verwaltungsgerichtlich überprüft.[171]

Dieser reduzierte Maßstab einer verwaltungsgerichtlichen Kontrolle kann durchaus eine Gemeinde in ihren Möglichkeiten begüns-

---

165 S. *Söfker*, in: Ernst/Zinkahn/Bielenberg/Krautzberger, BauGB, Bd. 2, § 35 BauGB, Rdnr. 124a.

166 Eingehend *Niedzwicki*, KommJur 2014, S. 92 ff.

167 S. *Niedzwicki*, KommJuR 2014, S. 92, 93.

168 S. OVG NRW, Urt. v. 19.07.2013, Az.: 10 D 107/11.NE, juris Rdnr. 87.

169 S. BVerwG, KommJuR 2013, S. 394, 395 f.

170 S. *Niedzwicki*, KommJuR 2014, S. 92, 93 f.

171 S. OVG Berlin-Brandenburg, Urt. v. 24.02.2011, OVG 2 A 2.09, juris Rdnr. 65; a. A. offenbar OVG NRW, DVBl. 2013, S. 1129 ff.

tigen, eine konzeptionelle Bauleitplanung mit dem Ziel des weitgehenden Ausschlusses der Windenergienutzung von ihrem Gemeindegebiet zu betreiben.

IV. Justiziabilität der planungsträgerischen Ausweisung von Konzentrationszonen

Die planungsträgerische Entscheidung, folglich derer eine Konzentrationszone von bestimmter Quantität und Qualität ausgewiesen worden ist, unterliegt der verwaltungsgerichtlichen Kontrolle. Die wesentliche Determinante dieses Kontrollmaßstabes ist die den Gemeinden obliegende Rechtspflicht, der Windenergie substanziell Raum zu verschaffen.

In der Rechtspraxis wurde und wird in der Regel versucht, den »substanziellen Raum« mittels eines Vergleichs von Flächengrößen zu bestimmen. So wird häufig die Größe der im Flächennutzungsplan dargestellten Konzentrationszone mit der Größe der Potentialflächen, die sich nach dem Abzug der harten Tabu-Zonen von der Außenbereichsfläche ergibt, in ein Verhältnis gesetzt.[172] Das BVerwG misst einem solchen Vergleich von Flächengrößen keine Exklusivität zu und überlässt die Konkretisierung des unbestimmten Begriffs des substanziellen Raumes den Tatsachengerichten.[173] Das OVG NRW stellte nunmehr klar, dass das ausschließliche Abstellen auf das Verhältnis zwischen der Größe der Potentialfläche zu der ausgewiesenen Fläche nicht zulässig sei.[174] Im Übrigen seien Größenangaben isoliert betrachtet ungeeignet.[175]

---

172 S. BVerwG, DVBl. 2013, S. 507, 508.

173 S. BVerwG, DVBl. 2013, S. 507, 508.

174 S. OVG NRW, DVBl. 2013, S. 1129, 1134.

175 S. OVG NRW, DVBl. 2013, S. 1129, 1134.

Soweit ein Tatsachengericht einen Größenvergleich (dann doch) anstellte, wurden Prozentsätze von 0,51 bzw. 0,61[176] gebilligt. Das OVG Bautzen konstatierte sogar, dass die Ausweisung von 0,02566 % der Gesamtfläche eines Planungsgebiets von rd. 2.554 km² als Konzentrationsfläche erst im Einzelfall als Verhinderungsplanung gestuft werden könne.[177] Augenscheinlich müssen noch weitere Faktoren hinzutreten, um in einem Einzelfall eine Verhinderungsplanung annehmen zu können.

Bovet/Kindler nehmen sogar an, dass die Ausweisung von Konzentrationszonen im unteren 0 %-Bereich von der Rechtsprechung durchaus gebilligt werden.[178] Das BVerwG beanstandete einen Prozentsatz von 0,26 nicht.[179]

V. Zwischenergebnis

Die planungsträgerische Entscheidung, mittels Aufstellung eines Flächennutzungsplans mit den Rechtswirkungen des § 35 Abs. 3 S. 3 BauGB die Nutzung der Windenergie (restriktiv) zu steuern, ist lediglich in einem begrenzten Umfang justiziabel. Dass in der Rechtspraxis der Verwaltungsgerichtsbarkeit in der Regel mittels eines nicht exklusiven Vergleichs zwischen der Größe der im Flächennutzungsplan dargestellten Konzentrationszonen mit der Größe der Potentialflächen, die sich nach dem Abzug der harten Tabu-Zonen von der Außenbereichsfläche ergibt, geprüft wird, ob der Nutzung der Windenergie substanziell Raum gegen worden ist, suggeriert eine uneingeschränkte Justiziabilität der planerischen Ausweisung von Konzentra-

---

176 S. OVG Lüneburg, Beschl. v. 22.01.2013, Az.: 12 MN 290/12, juris, Rdnr. 26 (Vergleich zwischen der Fläche von Vorranggebieten für die Windenergienutzung im Verhältnis zum Planungsraum).

177 S. OVG Bautzen, SächsVBl. 2013, S. 40 ff.; vgl. ferner OVG Berlin-Brandenburg, Beschl. v. 09.09.2009, Az.: OVG 2 S6.09, juris, Rdnr. 19; VG Münster, Urt. V. 01.06.2007, Az.: 10 K 1024/06, juris, Rdnr. 28 ff.; vgl. auch *Lau*, LKV 2012, S. 163 ff.

178 S. *Bovet/Kindler*, DVBl. 2013, S. 488, 493.

179 S. BVerwG, BauR 2013, S. 1396, 1399.

tionszonen. Dem gebrauchten Kriterium »harte Tabu-Zonen« des verwaltungsgerichtlichen Kontrollmaßstabes liegt allerdings eine Planungsermessensentscheidung der Gemeinde zugrunde. Diese planungsträgerische Tabu-Zonen-Festlegung ist jedoch nur eingeschränkt einer verwaltungsgerichtlichen Kontrolle zugänglich. D. h., die planende Gemeinde kann einen wesentlichen Punkt des verwaltungsgerichtlichen Kontrollmaßstabes beeinflussen. Diese Möglichkeit ist einer etwaigen gemeindlichen Verhinderungsplanung der Windenergienutzung zumindest nicht abträglich.

C. Zwischenergebnis

Soweit eine Windenergienutzung innerhalb eines Gemeindegebiets aus tatsächlichen und immissionsschutz- bzw. natur-, arten- und landschaftsschutzrechtlichen Erwägungen grundsätzlich möglich ist, ist eine Gemeinde aufgrund der städtebaulichen Regelung des § 35 Abs. 3 S. 3 BauGB rechtspraktisch in der Lage, zumindest weitgehend anderen städtebaulichen Belangen den Vorrang vor der Nutzung der Windenergie zu geben. Soweit eine Gemeinde einen Flächennutzungsplan mit den Rechtswirkungen des § 35 Abs. 3 S. 3 BauGB aufstellt, ist sie lediglich verpflichtet eine Konzentrationszone auszuweisen, die die Errichtung und den Betrieb von mindestens 3 dem aktuellen Stand der Technik entsprechenden WEA zulässt. Viel spricht dafür, dass dann die Gemeinde der Nutzung der Windenergie bereits substanziell Raum gibt. Eine solche Konzentrationszone ist aber erkennbar zu klein, um die für die Zielerreichung der Energiewende erforderlichen 24,7 RWEA pro Kommune aufzunehmen.

Dass in der Rechtspraxis der Verwaltungsgerichtsbarkeit in der Regel mittels eines nicht exklusiven Vergleichs zwischen der Größe der im Flächennutzungsplan dargestellten Konzentrationszonen mit der Größe der Potentialflächen, die sich nach dem Abzug der harten Tabu-Zonen von der Außenbereichsfläche ergibt, geprüft wird, ob der Nutzung der Windenergie substanziell Raum gegeben worden ist, suggeriert eine uneingeschränkte Justiziabilität der planerischen Ausweisung von Konzentrationszonen. Dem gebrauchten Kriterium »harte Tabu-Zonen« des verwaltungsgerichtlichen Kontrollmaßstabes liegt allerdings eine Planungsermessensentscheidung der Gemeinde zugrunde. Diese planungsträgerische Tabu-Zonen-Festlegung ist jedoch nur eingeschränkt einer verwaltungsgerichtlichen Kontrolle zugänglich. D. h., dass die planende Gemeinde in einem wesentlichen Punkt den verwaltungsgerichtlichen Kontrollmaßstab beeinflussen kann. Diese Möglichkeit ist einer etwaigen gemeindlichen Verhinderungsplanung der Windenergienutzung zumindest nicht abträglich.

Der Planvorbehalt nach § 35 Abs. 3 S. 3 BauGB kann insoweit als rechtliches Instrument einer konzeptionellen Verhinderung von Windenergieanlagen ge- bzw. missbraucht werden. Es besteht die begründete Gefahr, dass die eingangs skizzierten Ziele der Energiewende nicht verwirklicht werden können.

Die Gefahr des Scheiterns der Verwirklichung der in § 1 Abs. 2 EEG definierten Ziele besteht ebenso. Die Windenergie wird mindestens zwischen 30 % und 50 % des Anteils der erneuerbaren Energien an der Erzeugung elektrischen Stroms übernehmen müssen. Dann aber sind spätestens die ab dem Jahre 2020 definierten Ziele in ihrer Verwirklichung gefährdet. Zwar könnte der im Landes NRW verbrauchte elektrische Strom im übrigen Bundesgebiet erzeugt werden, um die Bundesziele der erfüllen. Dann würde, die technische und letztendlich politische Machbarkeit unterstellt, dem Prinzip der dezentralen Erzeugung von elektrischem Strom – einem bis heute wesentlichen Prinzip der Energiewende – zuwider gehandelt.

3. Kapitel: Energiewende de lege ferenda

In Anbetracht dieser Befunde ist zu konstatieren, dass Erfolg und Scheitern der Energiewende in Gestalt des Ausbaus der Nutzung der Windenergie wesentlich von den städtebaulichen Entscheidungen der Gemeinden als Trägerinnen der Bauleitplanung abhängt. Der Planvorbehalt nach § 35 Abs. 3 S. 3 BauGB kann als rechtliches Instrument einer konzeptionellen Verhinderung von Windenergieanlagen ge- bzw. missbraucht werden. Ein Handlungsbedarf ist nicht von der Hand zu weisen. Deshalb sollen zum einen die Handlungsmöglichkeiten des Gesetzgebers bzw. des überörtlichen Planungsträgers, der Energiewende Vorschub zu leisten, ausgelotet werden, zum anderen die der Rechtsprechung.

A. Handlungsoptionen des Gesetzgebers, des überörtlichen Planungsträgers und der Rechtsprechung

Es kommen mehrere Handlungsvarianten in Betracht, um die definierten Ziele der Energiewende doch noch verwirklichen zu können. Der Gesetzgeber könnte de lege ferenda legaldefinieren, wann eine Gemeinde, um einen rechtswirksamen Flächennutzungsplan mit den Rechtswirkungen des § 35 Abs. 3 S. 3 BauGB aufzustellen, der Nutzung der Windenergie substanziell Raum verschafft hat. Mithin könnte dieser unbestimmte Begriff durch gesetzliche Mengenvorhaben, etwa durch einen Vomhundertsatz, konkretisiert werden. Diese Konkretisierung könnte ggfs., wie bereits von den Tatsachengerichten in den entschiedenen Fällen geschehen, möglicherweise auch durch Richterrecht erfolgen. Des Weiteren können Mengenvorgaben als planerische Mengenvorgaben erlassen werden, die letztendlich mittelbar auf einem Gesetz (z. B. LPlG) beruhen.

Der Gesetzgeber könnte möglicherweise den Anwendungsbereich des § 35 Abs. 3 S. 3 BauGB einschränken, d. h. den Gemeinden diese planungsrechtliche Steuerung von nach § 35 Abs. 1 Nr. 2 bis 6 BauGB außenbereichsprivilegierten WEA entziehen.

Außerdem ist noch eine weitere Handlungsvariante denkbar. Der Gesetzgeber könnte ggf. – ähnlich wie bei dem Braunkohletagebau zur Energiegewinnung – möglicherweise einzelne Gemeinden auflösen, im Privateigentum stehende Flächen innerhalb dieser Gemeinden enteignen und so diese Gebiete der Nutzung der Windenergie zuführen.

Diese Handlungsmöglichkeiten sollen auf ihre Verfassungskonformität untersucht werden.

B. Konkretisierung des substanziellen Raums durch einen Vomhundertsatz bzw. durch planerische Mengenvorgaben

Eine etwaige Konkretisierung des unbestimmten Begriffs des substanziellen Raums durch einen gesetzlichen Vomhundertsatz stellt nicht das Betreten juristischen Neulands dar. Dem Gesetz sind Mengenvorgaben nicht fremd, § 20 Abs. 1 BNatSchG und § 1 Abs. 2 EEG dienen als Beleg.[180] Diese beiden Vorschriften gebrauchen Vomhundertsätze.

I. Planungshoheit

Gesetzliche und richterliche Mengenvorhaben sowie planerische Mengenvorgaben für die Nutzung der Windenergie in einem Gemeindegebiet müssen sich insbesondere an der Garantie der kommunalen Selbstverwaltung nach Art. 28 Abs. 2 S. 1 GG i. V. m. Art. 78

[180] S. *Bovet/Kindler*, DVBl. 2013, S. 488, 494.

Abs. 1 u. 2 Verf NRW in Gestalt der Garantie der Planungshoheit[181] messen lassen.

1. Inhalt der Gewährleistung

Nach Art. 28 Abs. 2 S. 1 GG muss den Gemeinden das Recht gewährleistet sein, alle Angelegenheiten der örtlichen Gemeinschaft im Rahmen der Gesetze in eigener Verantwortung zu regeln. Diese Garantie ist gegenüber der Garantie aus Art. 78 Abs. 1 u. 2 Verf NRW selbstständig; letzte kann, soweit nordrhein-westfälisches Landesrecht auf seine Vereinbarkeit mit der Garantie kommunaler Selbstverwaltung zu prüfen ist, Inhalt und Reichweite der Garantie aus Art. 28 Abs. 2 S. 1 GG erweitern.[182]

Eine etwaige Konkretisierung des unbestimmten Begriffs des substanziellen Raums durch gesetzliche Mengenvorhaben in Gestalt eines Vomhundertsatzes ist allerdings dem Bundesgesetzgeber vorbehalten. Solche Mengenvorhaben betreffen das nach Art. 74 Abs. 1 Nr. 18 GG der konkurrierenden Gesetzgebungskompetenz zwischen dem Bund und den Ländern unterliegende Bodenrecht, welches die städtebauliche Planung umfasst.[183] Vor allem mit dem Erlass der Regelungen des BauGB, hier vor allem § 35 Abs. 3 S. 3 BauGB, hat der Bundesgesetzgeber von seiner Kompetenz insoweit abschließend Gebrauch gemacht. In kompetenzrechtlicher Hinsicht gilt ausweislich Art. 74 Abs. 1 Nr. 31 BauGB nichts anderes, soweit sogar eine raumordnungsrechtliche Relevanz gesetzlicher Mengenvorgaben durch einen Vomhundertsatz vertreten werden sollte. Dem Land Nordrhein-Westfalen ist der Erlass gesetzlicher Mengenvorgaben durch

---

181 Vgl. BVerfGE 76, S. 107, 117; VGH NRW, NVwZ 2009, S. 1287, VGH NRW, NVwZ 2003, S. 202, 376, 377.

182 S. *Schoch*, Jura 2001, S. 121, 122; *Erichsen*, Kommunalrecht, S. 364 ff.

183 S. *Haratsch*, in: Sodan (Hrsg.), Art. 74 GG, Rdnr. 31;*Leisner*, in: Sodan (Hrsg.), Art. 28 GG, Rdnr. 19; *Schnapauff*, in: Hömig (Hrsg.), Art. 74 GG, Rdnr. 17; *Brohm*, Öffentliches Baurecht, § 18, Rdnr. 21.

Vomhundertsatz zur Konkretisierung des unbestimmten Begriffs des substanziellen Raums verschlossen.

Da aufgrund der Kompetenzregelung des Art. 74 Abs. 1 Nr. 18 GG gesetzliche Mengenvorgaben in Gestalt von Bundesrecht formellrechtlich zulässig sind, müssen sich solche Regelungen alleine an Art. 28 Abs. 2 S. 1 messen lassen (arg. Art. 31 GG). Ebenso solche durch Richterrecht geschaffene, denn ihr materiell-rechtlicher Bezugspunkt ist – insbesondere in Gestalt von § 35 Abs. 3 S. 3 BauGB – Bundesrecht. Als Prüfungsmaßstab kommt in Ansehung gesetzlicher Mengenvorgaben durch einen Vomhundertsatz deshalb alleine Art. 28 Abs. 2 S. 1 GG in Betracht. Dagegen basieren planerische Mengenvorgaben wesentlich auf dem LPlG und müssen sich darüber hinaus an § 78 Abs. 1 u. 2 Verf NRW messen lassen.

a. *Angelegenheiten der örtlichen Gemeinschaft*

Nach der Rechtsprechung und nach der herrschenden Meinung in der Literatur sind Angelegenheiten der örtlichen Gemeinschaft solche, die in der örtlichen Gemeinschaft wurzeln oder auf sie einen spezifischen Bezug haben.[184]

b. *Planungshoheit als eine Gemeindehoheit*

Das unter dem Begriff der Planungshoheit verstandene Recht der Gemeinde, in eigener Verantwortung für ihr Gebiet die Bodennutzung festzulegen, wurzelt in der örtlichen Gemeinschaft bzw. hat einen spezifischen Bezug zu ihr.[185]

---

[184] S. BVerfGE 79, S. 127, 151; BVerwG, NVwZ 1995, S. 701. 702; OVG NRW, NVwZ 1995, S. 718, 719.

[185] S. BVerwG, DVBl. 1999, S. 697, 698; VGH NRW, NVwZ 2009, S. 1287; VGH NRW, OVGE 46, S. 46, 295, 303.

2. Eingriff durch einen Vomhundertsatz bzw. durch planerische Mengenvorgaben

In die Garantie der Planungshoheit wird sowohl durch etwaige gesetzliche oder richterlich Mengenvorgaben in Gestalt von Vomhundertsätzen aber auch durch planerische Mengenvorgaben eingegriffen. Die Möglichkeit der eigenverantwortlichen Bodennutzung einer Gemeinde wird insoweit nämlich verkürzt.

3. Verfassungsgerichtliche Rechtfertigung des Eingriffs

Ein solcher Eingriff müsste auch verfassungsrechtlich gerechtfertigt werden können.

a. Regelungsvorbehalt zugunsten eines Gesetzes

Ausweislich des Wortlauts des Art. 28 Abs. 2 S. 1 GG sind Eingriffe in die Garantie der kommunalen Selbstverwaltung »im Rahmen der Gesetze« zulässig (Regelungsvorbehalt zugunsten eines Gesetzes).

Soweit durch gesetzliche Mengenvorgaben mittels Vomhundersatz in die Planungshoheit einer Gemeinde eingegriffen würde, wäre dem Regelungsvorbehalt zugunsten eines Gesetzes Genüge getan. Nichts anderes gilt für planerische Mengenvorgaben überörtlicher Planungsträger (z. B. des Trägers der Regionalplanung), denn solche Mengenvorgaben beruhen letztendlich auf dem LPlG.

Allerdings wären generell-abstrakte Mengenvorgaben durch Richterrecht aufgrund eines Verstoßes gegen den Regelungsvorbehalt des Art. 28 Abs. 2 S. 1 GG nicht zulässig.[186] Durch Richterrecht kann lediglich bezogen auf den zu entscheidenden Einzelfall geprüft werden, ob die Gemeinde dem Befehl des Gesetzgebers gerecht geworden ist, die in § 35 Abs. 1 BauGB planungsrechtlich privilegierten

---

[186] Vgl. *Hartmann*, in: Articus/Schneider (Hrsg.), Gemeindeordnung Nordrhein-Westfalen, Vorbemerkungen §§ 1-3, Erl. 1.4.

Vorhaben – auch RWEA – tatsächlich im Außenbereich substanziell zuzulassen.[187]

b. *Vereinbarkeit mit Art. 28 Abs. 2 GG bzw. Art. 78 Abs. 1 u. 2 Verf NRW (Planungshoheit)*

Ein solcher Eingriff müsste des Weiteren mit der Garantie der Planungshoheit zu vereinbaren sein. Dazu bedarf es zunächst der Feststellung, ob der Wesensgehalt der Planungshoheit gewahrt ist, denn ein Eingriff, welcher den Wesensgehalt (Kernbereich) antastet, ist verfassungsrechtlich nicht zu rechtfertigen.[188]

aa. *Eingriff in den sog. Kernbereich*

Der Wesensgehalt (sog. Kernbereich) der Gewährleistung des Art. 28 Abs. 2 S. 1 GG bzw. des Art. 78 Abs. 1 u. 2 Verf NRW wird durch die identitätsbestimmenden Merkmale der gemeindlichen Selbstverwaltung geprägt, die durch die historischen und regionalen Erscheinungsformen bestimmt werden.[189] [190] Der Wesensgehalt – der sog. Kernbereich – der Planungshoheit ist durchaus nicht einfach zu ermitteln. Die örtliche Planung, ausweislich des Wortlauts bereits in der örtlichen Gemeinschaft wurzelnd bzw. zu dieser in einem untrennbaren Zusammenhang stehend, kann nicht losgelöst von der überörtlichen Planung betrachtet werden. Vielmehr sind beide Pla-

---

187 Es wird nicht verkannt, dass in der Rechtspraxis den naturgemäß zu einzelnen Sachverhalten ergangenen gerichtlichen Entscheidungen eine Bedeutung über den entschiedenen Einzelfall hinaus beigemessen wird. Dies gilt insbesondere für obergerichtliche Entscheidungen.

188 Vgl. BVerfGE 76, S. 107, 117; *Niedzwicki*, Kommunalrecht in Nordrhein-Westfalen, S. 65 f.

189 S. BVerfGE 83, S. 363, 381; vgl. *Wansleben*, in: Held/Winkel/Wansleben (Hrsg.), Kommunalverfassungsrecht Nordrhein-Westfalen, Bd. I, § 1 GO, Erl. 2; *Rehn/Cronauge/v. Lennep/Knirsch*, Gemeindeordnung Nordrhein-Westfalen, Bd. I, § 1 GO, Erl. 4; *Brohm*, Öffentliches Baurecht, § 9, Rdnr. 3.

190 Die Lehre vom funktionalen Selbstverwaltungsrecht ist abzulehnen, denn Art. 28 Abs. 2 S. 1 GG räumt der Gemeinde eine stärkere Rechtsmacht als lediglich Mitwirkungsrechte bei staatlichen Entscheidungsprozesses ein.

nungen auf das Engste miteinander verbunden, denn nach § 1 Abs. 4 BauGB sind die Bauleitpläne – Handlungsform der örtlichen Planung – den Zielen der Raumordnung anzupassen. Wohl nicht zuletzt deshalb ist in der Rechtsprechung und in der überwiegenden Literatur auf eine positive und allgemeingültige Definition des Wesensgehalts[191] der Planungshoheit weitgehend verzichtet und lediglich konstatiert worden, dass ein Antasten zumindest dann vorliege, soweit infolge einer überörtlichen Planung wesentliche Gebiete eines Gemeindegebiets einer örtlichen, d. h. eigenverantwortlichen Planung nicht mehr zugänglich sind.[192] Ein Antasten wird weiterhin auch dann angenommen, soweit eine überörtliche Planung zur Funktionsunfähigkeit einer gemeindlichen Einrichtung führt,[193] bzw. soweit sich die Einschränkungen der Planungshoheit nicht offenkundig auf klar abgrenzbare Gebiete einzelner Gemeinden beziehen.[194]

Gesetzliche Mengenvorgaben für die Nutzung der Windenergie sind jedenfalls dann wegen Antastens des Kernbereichs der Planungshoheit der Selbstverwaltungsgarantie des Art. 28 Abs. 2 S. 1 GG verfassungsrechtlich unzulässig, soweit ein Vomhundertsatz der Nutzung der Windenergie in einer Gemeinde so viel Raum gäbe, als dass wesentliche Gebiete des Gemeindegebiets der örtlichen Bauleitplanung entzogen bzw. die Funktionsfähigkeit einer gemeindlichen Einrichtung aufgehoben ist.

Es wird nicht verkannt, dass der Flächenbedarf einer RWEA nicht unerheblich ist. Aufgrund der Raumstruktur des Landes Nordrhein-Westfalen ist davon auszugehen, dass WEA oftmals zumindest

---

191 Zur Beantwortung der Frage, ob ein unzulässiger Eingriff in den Kernbereich einer Selbstverwaltungsgarantie vorliegt, wird teilweise die sog. Subtraktionsmethode angewandt, eine rudimentäre Angemessenheitsprüfung vorgenommen, auf eine historische Betrachtung abgestellt bzw. das Ausmaß der Beeinträchtigung untersucht.

192 S. BVerfGE 56, S. 298, 317 f.; BVerwGE 79, S. 318, 325; vgl. auch *Erlenkämper*, NVwZ 1995, S. 648, 651.

193 S. BVerwG, NVwZ 2001, S. 1280, 1281.

194 Vgl. VGH NRW, NVwZ-RR 1998, S. 473, 475.

in mittelbarer Nachbarschaft zu einer Wohnbebauung stehen würden. Deshalb ist der Flächenbedarf einer RWEA unter Berücksichtigung der sog. Abstandformel der Rechtsprechung zu ermitteln. Dieser Flächenbedarf errechnet sich aus der Fläche, die in einem Radius der dreifachen Gesamthöhe um eine RWEA (gut 600 m) zu ziehen ist. Er beträgt folglich 1.130.973 m², also 11.309,73 ar, bzw. 113,09 ha oder 1,13 km² einer einzelnen RWEA. Aus dem Immissionsschutzrecht (Schutz vor Schallimmissionen) kann sogar noch ein größerer Abstand zu einer angrenzenden Wohnbebauung folgen. Soweit eine Wohnbebauung nicht vorhanden ist, müssen in der Regel artenschutzrechtliche Abstände eingehalten werden. Folglich kann ein um eine RWEA zu ziehender Radius durchaus bis zu 2 km – und ggf. mehr – betragen.

Soweit RWEA in einer Windfarm i. S. d. Nr. 1.6.3 der Anlage 1 zum UVPG errichtet werden sollen, müssen die Abstände zwischen den RWEA (innerhalb der Windfarm) in der Regel in Hauptwindrichtung das Fünffache und quer zur Hauptwindrichtung der Dreifache des Rotorsdurchmessers betragen.[195] Bei einem Rotordurchmesser von 101 m sind dies 505 bzw. 303 m. Die Außenabstände (einer jeden RWEA der Windfarm zu einer angrenzenden Wohnbebauung) sind unter Berücksichtigung der Abstandsformel hinzuzurechnen. Sie fließen in den Gesamtflächenbedarf mit ein. Dieser Gesamtflächenbedarf einer Windfarm, bestehend aus 3 bis 4 REWA, kann – in Ansehung der sog. Abstandsformel und ohne Berücksichtigung artenschutzrechtlicher Mindestabstände – ca. 1,9 bis 2,6 km² betragen. Die für das Fundament einer RWEA nebst Kranaufstellfläche benötigte Fläche beträgt ca. 10 ha.[196] Soweit 24,7 RWEA in Windfarmen zu jeweils 3 bis 4 RWEA in einer Gemeinde erreichtet werden sollen, ist mit einem rechnerischen Flächenbedarf (24,7 RWEA: 3,5 = 7,06

[195] S. *DStGB*, Repowering von Windenergieanlage – Kommunale Handlungsmöglichkeiten, S. 36; *LANUV NRW*, Potenzialstudie Erneuerbare Energien NRW – Windenergie, S. 27, 28.

[196] Vgl. OVG NRW, DVBl. 2013, S. 1129, 1133.

Windfarmen zu 2,2 km²) von ca. 15,53 km² (bzw. 18,48 km² bei 29,4 RWEA pro Gemeinde) zu rechnen. Insbesondere in nicht urban geprägten und flächengroßen Kommunen kann eine solche Errichtung durchaus ein realistisches Ziel sein; in anderen Kommunen dagegen weniger.

Es wird auch weiterhin nicht verkannt, dass ein Eingriff in den Kernbereich der Planungshoheit voraussetzt, dass nicht räumlich überwiegende (allein quantitatives Kriterium) sondern wesentliche (zuvörderst qualitatives Kriterium) Gebiete einer Gemeinde der örtlichen Planung entzogen sein müssen. Es kommt scheinbar nicht auf das Kriterium der entzogenen Fläche an. Diese Interpretation greift allerdings zu kurz, denn ein Planungsraum einer Gemeinde kann nicht zuletzt aufgrund seiner Fläche für die städtebauliche Entwicklung dieser Gemeinde wesentlich sein. Diese Wesentlichkeit kann sich nicht zuletzt aus der räumlichen Größe z. B. eines Tourismus- oder Freizeitgebietes ergeben, weil auch die Größe eines solchen Gebietes Wettbewerbsvorteile gegenüber Gebieten anderer Gemeinden bietet.

Soweit rechnerisch mindestens 24,7 RWEA pro Gemeinde errichtet werden müssen besteht die Gefahr, dass viele gemeindliche Einrichtungen dann ihrer Funktionsfähigkeit beraubt würden. Außerdem erstrecken sich die Einschränkungen der Planungshoheit offenkundig nicht auf klar abgrenzbare Gebiete einzelner Gemeinden, sondern auf die gesamte Fläche des bauplanungsrechtlichen Außenbereichs. Dort sollen, notfalls verstreut, überall wo möglich WEA (RWEA) zugelassen werden.

Insoweit ist es auch ohne Belang, ob Mengenvorgaben in Gestalt von planerischen Mengenvorgaben durch einen überörtlichen Planungsträger erlassen werden.[197] Die Eingriffsintensität bliebe ge-

---

197 Eine etwaige gemeindliche Planung zwecks des weitgehenden Ausschlusses der Nutzung der Windenergie von dem Gemeindegebiet kann durch die Planungen übergeordneter Planungsträger insbesondere dann bedingt und beschränkt werden, soweit diesen Planungen strikt einzuhaltende rechtliche

genüber gesetzlichen Mengenvorgaben durch einen Vomhundertsatz unverändert. Als eine übergeordnete Planung kommt insbesondere die Regionalplanung in Betracht, die wiederum die Landesplanung (in Gestalt des Landesentwicklungsplanes (LEP)) zu berücksichtigen hat. In Ansehung der Windenergienutzung wird eine einheitliche Planungspraxis aller Regionalplanungsträger[198] Nordrhein-Westfalens angestrebt. Die sich auf der mittleren Ebene im System der räumlichen Gesamtplanung befindliche Regionalplanung Nordrhein-Westfalens ist naturgemäß darstellungsunschärfer als die kommunale Bauleitplanung. In der Regel wird die Nutzung der Windenergie in einem Regionalplan dargestellt werden können, soweit die in Betracht kommenden Flächen die Darstellungsgrenze von 10 ha (= 0,10 km^2) überschreiten. Dies folgt etwa aus § 35 Abs. 2 Verordnung zur Durchführung des Landesplanungsgesetzes (LPlG DVO).[199] Zweifellos werden RWEA von dieser Darstellungsgrenze erfasst. Es ist beabsichtigt, dass die dieser Darstellungsgrenze entsprechenden Flächen als Vorranggebiet für die Nutzung der Windenergie in einem Regionalplan ausgewiesen werden. Allerdings sollen diese Flächen nicht zugleich als Eignungsgebiete ausgewiesen werden. D. h. das durch den Regionalplan eine innergebietliche Zielwirkung, aber keine außergebietliche Ausschlusswirkung erzielt werden kann. Insofern soll für raumbedeutsame WEA, eine RWEA ist raumbedeutsam, gerade nicht von den Rechtsfolgen des § 35 Abs. 3 S. 3 BauGB Gebrauch gemacht werden. Ein solches im Regionalplan ausgewiesenes Vorranggebiet für die Nutzung der Windenergie zwingt betroffene Gemeinden dazu, ihre Bauleitplanung so zu gestalten, dass in diesem Gebiet andere raumbedeutsame Nutzungen ausgeschlossen sind, soweit diese mit der vorrangigen Windenergienutzung unvereinbar sind. Da die Nut-

---

Voraussetzungen innewohnen (vgl. *Krautzberger*, in: Battis/Krautzberger/Löhr, § 35 BauGB, Rdnr. 72).

198 Als Beispiel sei die Aufstellung eines Sachlichen Teilplans »Energie« zu dem Regionalplan des Regionalrates bei der Bezirksregierung Arnsberg genannt.

199 Vgl. auch § 1 Nr. 17 Raumordnungsverordnung (RoV).

zung der Windenergie – vor allem durch RWEA – mit zahlreichen anderen außenbereichsspezifischen Nutzungsfunktionen und -arten (dazu die Darstellung einer Tabu-Zonen-Klassifizierung) nicht zu vereinbaren ist, würden der Gemeinde dann großräumige und wesentliche Flächen innerhalb ihres Hoheitsgebiets der Befugnis zur eigenverantwortlichen Bauleitplanung entzogen.

Ein verfassungsrechtlich schlechthin unzulässiger Eingriff in den Kernbereich der Planungshoheit liegt zumindest nicht stets vor. Allerdings kann ein solcher auch nicht kategorisch ausgeschlossen werden. Es bedarf einer Prüfung des Einzelfalls einer jeden Gemeinde.

bb. Eingriffsrechtfertigung außerhalb des Kernbereichs

Unbeschadet dessen können solche Mengenvorgaben allerdings einen Eingriff in den sog. Randbereich der Planungshoheit darstellen. Ein solcher Eingriff müsste unter Berücksichtigung des Grundsatzes des Vorrangs der Aufgabenwahrnehmung durch die Gemeinde verhältnismäßig[200] sein.[201]

---

[200] S. VGH NRW, NVwZ 2009, S. 1287.

[201] S. BVerfE 95, S. 1, 17; 103, 332, 376; OVG Lüneburg, DÖV 1980, S. 417, 418; *Dietlein*; in: Dietlein/Burgi/Hellermann, Öffentliches Recht in Nordrhein-Westfalen, § 1, Rdnr. 187; krit. zu der Annahme, der Rechtsprechung des BVerfG eine Verhältnismäßigkeitsprüfung entnehmen zu können *Burgi*, in: Dietlein/Burgi/Hellermann, Öffentliches Recht in Nordrhein-Westfalen, § 2, Rdnr. 74. Gegen die Theorie von dem Aufgabenverteilungsprinzip mit Vorrang für die Gemeinde – zwar sei keine Verhältnismäßigkeits- wohl aber eine Vertretbarkeitsprüfung zwecks Feststellung einer etwaigen Rechtfertigung eines Eingriffs in den sog. Randbereich vorzunehmen – spricht, dass aus Art. 28 Abs. 2 S. 1 GG auch ein subjektives Recht auf Gewährleistung der Selbstverwaltung folgt, eine Verhältnismäßigkeitsprüfung deshalb vorgenommen werden müsse (vgl. VHG NRW, NVwZ 2009, S. 1287). Es wird nicht verkannt, dass Art. 28 Abs. 2 GG gleichwohl kein Grundrecht, sondern lediglich eine institutionelle Garantie (s. BVerfGE 1, S. 167, 174; 76, S. 107, 119; 79, S. 127, 143) enthält. Die in manchen Entscheidungen des BVerfG vorgenommene Vertretbarkeitsprüfung sei nichts anderes als eine Verhältnismäßigkeitsprüfung, denn lediglich das Prüfungskriterium der Erforderlichkeit

(1). Legitimes Ziel

In der geplanten, zukünftigen Ersetzung von nuklearen – aber auch (später) fossilen und somit klimaschädlichen – Energieträgern (Energiewende) liegt in Ansehung des Art. 20a GG ein legitimes Ziel. Das zu verwirklichende Ziel besteht allerdings nicht abstrakt; es wurde sowohl durch den Bundesgesetzgeber als auch durch den Landesgesetzgeber konkret definiert. Zumindest ist es ein legitimes Ziel des Landes NRW, in jeder der insgesamt 396 Städte und Gemeinden rechnerisch mindestens 24,7 RWEA installieren zu wollen.

(2). Geeignetheit

Grundsätzlich müssen gesetzliche bzw. planerische Mengenvorgaben geeignet sein, dieses legitime Ziel zu erreichen. Ein Mittel ist geeignet, soweit es die Verwirklichung des legitimen Ziels fördert.[202] Im Übrigen ist das Mittel dann nicht geeignet, soweit es selbst gegen die Rechtsordnung verstößt. Ob die einer von den Rechtswirkungen des § 35 Abs. 3 S. 3 BauGB Gebrauch machen wollenden Gemeinde obliegende Rechtspflicht, eine Konzentrationszone gemäß einer insoweit erforderlichen Mengenvorgabe ausweisen zu müssen, geeignet ist, die skizzierten Ziele der Energiewende in Ansehung der Nutzung der Windenergie verwirklichen zu können, muss bezweifelt werden. Ein Verstoß gegen die Rechtsordnung ist nämlich zu befürchten.

Dass die in jeder Gemeinde innerhalb Nordrhein-Westfalens rechnerisch mindestens erforderlichen 24,7 RWEA in Ansehung des dargestellten Flächenverbrauchs räumlich gebündelt, d. h. in einer oder in wenigen Konzentrationszonen errichtet werden können, ist nicht zuletzt aufgrund der Raumnutzung in Nordrhein-Westfalen sehr zweifelhaft. Viel spricht dafür, dass die RWEA über den gesamten Außenbereich – durch (Splitter-) Siedlungen, Anlagen der Infrastruktur, Naturschutzgebiete, usw. räumlich getrennt – verstreut er-

---

werde konkretisiert (s. *Erichsen*, Kommunalrecht des Landes Nordrhein-Westfalen, S. 375; *Ehlers*, DVBl. 2000, S. 1301, 1307).

202 S. *Antoni*, in: Hömig (Hrsg.), Art. 20 GG, Rdnr. 13.

richtet werden müssen. Dann würde aber der Regelung des § 35 Abs. 3 S. 3 BauGB zuwider gehandelt. Es gäbe innerhalb einer Gemeinde keine Gebiete mehr, die in Anwendung des § 35 Abs. 3 S. 3 BauGB von der Nutzung der Windenergie freigehalten werden könnten. Der § 35 Abs. 3 S. 3 BauGB verleiht den Trägerinnen der Flächennutzungsplanung gerade das Recht, die von der Regelung erfassten baulichen Vorhaben zu steuern, d. h. räumlich konzentriert, zuzulassen.

Das Land Nordrhein-Westfalen ist an die Regelung des § 35 Abs. 3 S. 3 BauGB gebunden (arg. Art. 31 GG). Der Bund kann allerdings RWEA aus dem Regelungsbereich des § 35 Abs. 3 S. 3 BauGB herausnehmen. Solange dies nicht geschieht, verstoßen bundesgesetzliche Mengenvorgaben, die zumindest 24,7 RWEA in jeder nordrhein-westfälischen Gemeinde verlangen, aber gegen das Recht einer Gemeinde aus § 35 Abs. 3 S. 3 BauGB und stellen insoweit kein geeignetes, weil rechtswidriges, Mittel dar.

Außerdem kann sich die Ungeeignetheit von gesetzlichen – aber auch planerischen – Mengenvorgaben aus ihrer willkürlichen[203] Festlegung ergeben. Ein solches pauschales Vorgeben lässt die Besonderheiten des Einzelfalls unberücksichtigt. Es mag zahlreiche Kommunen geben, die aufgrund ihrer geringen Flächengröße und/oder aufgrund einer bereits anderweitigen Flächennutzung tatsächlich nicht in der Lage sind, den Mengenvorgaben zu entsprechen. Ihnen würde dann Unmögliches abverlangt. Deshalb kommt die Flächengröße einer Gemeinde als Bezugspunkt für die Bestimmung eines Vomhundertsatzes nicht in Betracht. Die Bezugnahme auf die Flächengröße des Gemeindegebietes abzüglich der als harte Tabu-Zonen zu klassifizierenden Gebiete der Außenbereichsflächen ist ebenfalls problematisch. Die Klassifikation als harte bzw. weiche Tabu-Zone ist zuvörderst eine planerische Entscheidung. Das eröffnete Planungsermessen unterliegt lediglich einer inhaltlich eingeschränkten verwaltungsgerichtlichen Kontrolle. Insoweit ist die Ge-

203 Vgl. VGH NRW, NVwZ 2009, S. 1287.

eignetheit fraglich, denn die Gemeinde hätte eine gewisse Möglichkeit, den Ausbau der Windenergie innerhalb ihres Gebietes zu erschweren bzw. zumindest teilweise zu verhindern. Im Übrigen ist die Geeignetheit des Bezugspunkts »Grad der Nutzung der Windenergie in benachbarten Gemeinden« zweifelhaft, denn auch benachbarte Gemeinden können der Nutzung der Windenergie auf ihrem Gemeindegebiet ablehnend gegenüber stehen. Mithin ist dieser Bezugspunkt zumindest nicht offensichtlich geeignet, der Nutzung der Windenergie den erforderlichen Vorschub zu leisten.

Folglich spricht zumindest viel dafür, dass gesetzliche bzw. planerische Mengenvorhaben nicht geeignet sind, die (Bundes-) Ziele[204] der Energiewende zu erreichen.

(3). Erforderlichkeit

Dessen ungeachtet müssen Mengenvorgaben auch zur Zielverwirklichung erforderlich sein. Eine solche Erforderlichkeit kann dann nicht festgestellt werden, soweit das legitime Ziel durch ein anderes rechtlich zulässiges und gleich geeignetes Mittel, welches aber die betroffene Gemeinde weniger und andere Gemeinden nicht stärker belastet, ebenso gut verwirklicht werden kann.[205]

Als ein milderes Mittel könnte die Herausnahme von WEA aus dem Anwendungsbereich des § 35 Abs. 3 S. 3 BauGB in Betracht kommen. Soweit eine Gemeinde in Ansehung der Nutzung der Windenergie einen Flächennutzungsplan mit den Rechtswirkungen des § 35 Abs. 3 S. 3 BauGB nicht mehr aufstellen kann, verbliebe es bei der bauplanungsrechtlichen Außenbereichsprivilegierung von WEA nach Maßgabe des § 35 Abs. 1 BauGB. Aus bauplanungsrechtlicher Sicht stünde dann, unbeschadet anderer Vorschriften (insbesondere unbeschadet der Vorschriften des Natur- und Landschaftsschutzes, sowie des Immissionsschutzrechts), der gesamte Außenbereich für die Nutzung der Windenergie zur Verfügung.

---

[204] Gleiches gilt in Ansehung der durch das Land NRW definierten Ziele.

[205] Vgl. *Antoni*, in Hömig (Hrsg.), Art. 20 GG, Rdnr. 13.

Allerdings ist fraglich, ob eine von der Nutzung der Windenergie aktuell betroffene Gemeinde dann weniger und andere Gemeinden nicht stärker belastet werden, d. h. ob eine solche Herausnahme von WEA aus dem Anwendungsbereich des § 35 Abs. 3 S. 3 BauGB gleichfalls mit der Garantie der kommunalen Selbstverwaltung nach Art. 28 Abs. 2 S. 1 in Gestalt der Garantie der Planungshoheit zu vereinbaren ist.

Zunächst ist zu konstatieren, dass eine Gemeinde dann wieder autonomer und in eigener Verantwortung für ihr Gebiet die Bodennutzung festlegen könnte.[206] Die Garantie der Planungshoheit würde also zunächst inhaltlich aufgewertet.

Dass allerdings der Bundesgesetzgeber verpflichtet ist, durch Vorschriften wie die des § 35 Abs. 3 S. 3 BauGB einer Gemeinde die Ausübung ihrer Planungshoheit insoweit zu erleichtern, kann nicht festgestellt werden. Es dürfte auch – jedenfalls in Nordrhein-Westfalen – kein Bedürfnis mehr bestehen, mittels der Möglichkeit einer Konzentrationsflächenplanung einer sog. Verspargelung der Landschaft vorbeugen zu müssen. Der (nunmehr) in § 35 Abs. 3 S. 3 BauGB innewohnende Planvorbehalt wurde durch das Gesetz zur Änderung des Baugesetzbuchs vom 30.07.1996[207] mit Wirkung zum 01.01.1997 in das BauGB (§ 35 Abs. 3 S. 4 a. F. BauGB) aufgenommen.[208] Der Anlass, dieses planerische Steuerungsinstrument in das Allgemeine Städtebaurecht aufzunehmen, war die mit selbiger BauGB-Novelle (Windenergienovelle) erfolgte, auf eine Initiative des Bundeslandes Schleswig-Holstein zurückzuführende[209] Außenbereichsprivilegierung von WEA, die der öffentlichen Energieversorgung dienen.[210] Bereits zum damaligen Zeitpunkt – Anfang des Jahres 1995 – wurden die technisch fortschrittlichsten WEA innerhalb

206 Vgl. BVerwG, DVBl. 1999, S. 697, 698.

207 BGBl. I. S. 1189.

208 S. *Krautzberger*, in: Battis/Krautzberger/Löhr, § 35 BauGB, Rdnr. 37.

209 S. *Stüer/Vildomec*, BauR 1998, S. 427, 429.

210 S. *Gatz*, DVBl. 2009, S. 737, 738.

Deutschlands im Bundesland Schleswig-Holstein betrieben.[211] Die Anlagengröße erforderte, WEA verstärkt im Außenbereich zuzulassen, wollte man an der weiteren Entwicklung und effizienteren Nutzung dieser Technik festhalten. In Anbetracht dieser Außenbereichsprivilegierung sollten die Gemeinden die Möglichkeit erhalten, WEA – auch im Außenbereich – konzeptionell steuern zu können.[212] [213] Nicht zuletzt sollte damit den Gemeinden die Befugnis eingeräumt werden, der Gefahr einer sog. Verspargelung der Landschaft[214] entgegentreten zu können. Die Gefahr einer Verspargelung der Landschaft dürfte allerdings mit der fortgeschrittenen Entwicklung von WEA tendenziell abgenommen haben. Die REWA erreichen eine Gesamthöhe von gut 200 m. Dass WEA in wenigen Jahren über eine noch größere Gesamthöhe verfügen werden, ist abzusehen. Solche dürften dann in der Praxis nicht zuletzt aufgrund der enormen Energieausbeute in diesen Luftschichten vorrangig errichtet werden. Die Abstände zwischen diesen WEA und von diesen zu einer evtl. vorhandenen Wohnbebauung vergrößern sich dann enorm. Diese größeren Abstände zwischen den WEA sind aus betriebstechnischen und ökonomischen Gründen erforderlich; die von WEA zu einer evtl. vorhandenen Wohnbebauung Abstände aufgrund der Pflicht zur Einhaltung der in der Rechtsprechung entwickelten sog. Abstandsformel. Denn eine sog. optisch bedrängende Wirkung auf eine Wohnbebauung (im

---

211 S. *Stüer/Vildomec*, BauR 1998, S. 427, 429.

212 S. *Gatz*, DVBl. 2009, S. 737, 738.

213 Der damalige § 35 Abs. 3 S. 4 BauGB (heute: § 35 Abs. 3 S. 3 BauGB) wurde inhaltlich der Rechtsprechung des BVerwG zu den sog. Kiesabbaukonzentrationszonen nachgebildet. Das BVerwG stellte mit Urteil vom 22.05.1987 klar, dass eine Gemeinde von Rechts wegen befugt sei, in ihrem Flächennutzungsplan eine Flächen für Kiesabgrabung mit dem Ziel darzustellen, dass der Abbau auf den ausgewiesenen Standort konzentriert und im übrigen Außenbereich – wegen des Entgegenstehens öffentlicher Belange – bauplanungsrechtlich ausgeschlossen sei (s. BVerwG, NVwZ 1988, S. 54 ff.; BVerwG, NVwZ 1998, S. 960 ff.).

214 Vgl. *Kohls*, in: Danner/Theobald, Energierecht, B 1. Planung und Zulassung von Energieanlagen, Rdnr. 57.

Außenbereich) ist in der Regel dann nicht mehr zu befürchten, soweit der Abstand zwischen WEA und Wohnhaus mindestens das Dreifache der Gesamthöhe (Nabenhöhe + ½ Rotordurchmesser) der WEA beträgt.[215]

Ein Eingriff in die Planungshoheit liegt in der Herausnahme von WEA aus dem Anwendungsbereich des § 35 Abs. 3 S. 3 BauGB (Eingriff durch Unterlassen einer – dann zukünftigen – Steuerungsmöglichkeit) nicht vor.

Folglich sind gesetzliche bzw. planerische Mengenvorgaben zur Zielverwirklichung auch nicht erforderlich.

(4). Angemessenheit

Im Übrigen sind gesetzliche Mengenvorhaben in Gestalt eines Vomhundertsatzes bzw. planerische Mengenvorgaben zur Bestimmung der Mindestgröße von auszuweisenden Konzentrationszonen für die Nutzung der Windenergie in einem Gemeindegebiet unverhältnismäßig. Zwar dienen sie der Energiewende, d. h. letztendlich der Staatszielbestimmung des Schutzes der natürlichen Lebensgrundlagen nach Art. 20a GG. Auch die Städte und Gemeinden sind verpflichtet, an der Verwirklichung dieses Staatszieles mitzuwirken,[216] aber nicht um den Preis der weitgehenden Einbuße der Möglichkeit der Ausübung der kommunalen Planungshoheit. Eine solche Einbuße ist zu befürchten, da in jeder Gemeinde rechnerisch 24,7 RWEA errichtet werden müssen. Ein solcher Vorrang der Regelung des Art. 20a GG vor der des Art. 28 Abs. 2 S. 1 GG ist nicht begründbar.

---

215 S. OVG NRW, NWVBl. 2007, S. 59, 60; nachgehend BVerwG, NVwZ 2007, S. 336 f.; OVG NRW, NuR 2010, S. 888 ff.; nachgehend BVerwG, BauR 2011, S. 813 f.

216 Vgl. *Leisner*, in: Sodan (Hrsg.), Grundgesetz, Art. 20 a, Rdnr. 10; *Hömig*, in: Hömig (Hrsg.), Grundgesetz, Art. 20 a, Rdnr. 4.

(5). Zwischenergebnis

Der Eingriff in den sog. Randbereich der Planungshoheit ist unverhältnismäßig.

4. Zwischenergebnis

Mit der Garantie der kommunalen Selbstverwaltung nach Art. 28 Abs. 2 S. 1 GG in Gestalt der Garantie der Planungshoheit sind sowohl gesetzliche als auch über den Einzelfall hinausgehende richterliche Mengenvorhaben in Gestalt eines Vomhundertsatzes bzw. planerische Mengenvorgaben (Art. 78 Abs. 1 u. 2 Verf NRW) zur Bestimmung der Mindestgröße von auszuweisenden Konzentrationszonen für die Nutzung der Windenergie in einem Gemeindegebiet jedenfalls dann nicht zu vereinbaren, soweit durch diese Vorgaben in jeder Gemeinde innerhalb Nordrhein-Westfalens 24,7 RWEA und mehr errichtet werden sollen.

II. Eigentumsgarantie

Mit der Eigentumsgarantie des Art. 14 Abs. 1 S. 1 GG müssten gesetzliche Mengenvorhaben in Gestalt eines Vomhundertsatzes bzw. planerische Mengenvorgaben zur Bestimmung der Mindestgröße von auszuweisenden Konzentrationszonen für die Nutzung der Windenergie in einem Gemeindegebiet in Anwendung des § 35 Abs. 3 S. 3 BauGB zu vereinbaren sein.

Die Aufstellung eines Flächennutzungsplans mit den Rechtswirkungen des § 35 Abs. 3 S. 3 BauGB stellt eine Beschränkung der Bebaubarkeit von im bauplanungsrechtlichen Außenbereich gelegenen Grundstücken mit nach § 35 Abs. 1 BauGB privilegierten Vorhaben dar, soweit die ausgewiesene Konzentrationszone nicht auf diese Grundstücke entfällt.

1. Eröffnung des Schutzbereichs und Eingriff

Der Schutzbereich der Eigentumsgarantie müsste zunächst eröffnet sein.

a. Persönlicher Schutzbereich

Der persönliche Schutzbereich des Art. 14 GG erfasst neben allen natürlichen Personen auch inländische juristische Privatrechtspersonen;[217] weiterhin auch solche aus Mitgliedstaaten der Europäischen Union aufgrund des Anwendungsvorrangs der Grundfreiheiten im Binnenmarkt (Art. 26 Abs. 2 AEUV) und des allgemeinen Diskriminierungsverbots wegen der Staatsangehörigkeit (Art. 18 AEUV).[218] Soweit genannte Personen Eigentümer von Grundstücken im Planungsgebiet einer Gemeinde sind, werden sie durch die Eigentumsgarantie geschützt. Nicht von dem persönlichen Schutzbereich erfasst sind hingegen juristische Personen des öffentlichen Rechts.[219]

b. Sachlicher Schutzbereich

Der Art. 14 GG gewährleistet das Eigentum als Institutionsgarantie, d. h. als Rechtseinrichtung. Zugleich schützt die Bestandsgarantie des Eigentums es als individuelles Grundrecht.[220] Der Gesetzgeber ist ermächtigt, Inhalt und Schranken des Eigentums festzulegen. Der nicht statische Eigentumsbegriff umfasst die Summe aller durch Gesetz einer Person zu einer privaten Nutzung- und Verfügungsbefugnis zugeordneten Rechte.[221] Das Eigentum i. S. d. BGB an Grundstücken ist eine geschützte Rechtsposition nach Art. 14 GG,[222] ebenso grundsätz-

---

217 S. *Papier*, in: Maunz/Dürig, Grundgesetz, Art. 14, Rdnr. 206.
218 S. BVerfG, NJW 2011, S. 3428 ff.
219 S. *Antoni*, in: Hömig (Hrsg.) Grundgesetz, Art. 14, Rdnr. 3.
220 S. BVerfGE 24, S. 367, 389.
221 S. *Papier*, in: Maunz/Dürig, Grundgesetz, Art. 14, Rdnr. 160.
222 S. *Sodan*, in: Sodan (Hrsg.), Grundgesetz, Art. 14, Rdnr. 10.

lich die Befugnis, auf diesen Grundstücken bauliche Anlagen errichten zu dürfen.[223]

c. *Eingriff*

Die Regelungen des Bauplanungs- und des Bauordnungsrechts knüpfen nach nicht unumstrittener Rechtsauffassung an diese verfassungsrechtliche Eigentumsposition an und unterwerfen den Eigentümer Handlungs-, Duldungs- bzw. Unterlassenspflichten. Ein Eingriff im klassischen Sinne liegt vor, denn der staatliche Rechtsakt in Gestalt von §§ 29 Abs. 1, 35 Abs. 1, 3 S. 3 BauGB i. V. m. mit der im Flächennutzungsplan ausgewiesenen Konzentrationszone ist final auf eine Grundrechtsverkürzung gerichtet, wobei diese als Folge des Rechtsaktes unmittelbar eintritt und notfalls mit staatlichem Zwang durchgesetzt werden kann.[224]

2. Verfassungsrechtliche Rechtfertigung

Es ist fraglich, ob dieser Eingriff in diese verfassungsrechtliche Eigentumsposition gerechtfertigt werden kann. Zunächst bedarf es einer Feststellung, ob dieser Eingriff als Inhalts- und Schrankenbestimmung des Eigentums oder vielmehr als Enteignung i. S. d. Art. 14 Abs. 3 GG zu klassifizieren ist, denn die Voraussetzungen der Möglichkeit der verfassungsrechtlichen Rechtfertigung sind unterschiedlich.

a. *Enteignungsbegriff des BVerfG*

Das BVerfG vertritt einen formalisierten Enteignungsbegriff.[225] Eine Enteigung i. S. d. Art. 14 Abs. 3 GG sei lediglich der konkret-individuelle Entzug einer nach Art. 14 Abs. 1 S. 1 GG geschützten Rechtsposition durch Gesetz (Legalenteignung) oder durch einen

---

[223] S. *Brohm*, Öffentliches Baurecht, § 1, Rdnr. 21.

[224] Vgl. *Pieroth/Schlink*, Grundrechte, § 6, Rdnr. 238.

[225] Da in der Rechtspraxis das BVerfG verbindlich über die Auslegung und Anwendung von Verfassungsrecht entscheidet, kommt es auf die vom BGH vertretene sog. Sonderopfertheorie bzw. auf die vom BVerwG vertretene sog. Schweretheorie insofern nicht an.

Hoheitsakt aufgrund eines Gesetzes (Administrativenteignung).[226] Ohne Belang sei, ob ein Rechtssubjektswechsel eintrete, denn die Auflösung einer konkret-individuellen Zuordnung einer Rechtsposition zu einem Rechtssubjekt sei konstitutives Element einer Enteignung.[227] Dagegen seien Normen, die generell-abstrakt Rechte und Pflichten bzgl. Rechtspositionen i. S. d. Art. 14 Abs. 1 S. 1 GG begründen, als Inhalts- und Schrankenbestimmungen zu klassifizieren.[228]

Die Reglungen der §§ 29 Abs. 1, 35 Abs. 1, 3 S. 3 BauGB i. V. m. den Darstellungen des Flächennutzungsplans stellen demzufolge keine Enteignung dar. Sie richten sich gerade nicht an einen bestimmten Grundstückseigentümer, sondern unterwerfen alle, auch potentielle Eigentümer von Grundstücken im bauplanungsrechtlichen Außenbereich einer Gemeinde konkreten Pflichten. Inhaltsbestimmungen bestimmen generell-abstrakt die aus dem Eigentum folgenden Befugnisse und wirken eigentumskonstituierend.[229] Schrankenbestimmungen knüpfen an diese Eigentumsposition an und unterwerfen den Eigentümer Handlungs-, Duldungs- bzw. Unterlassenspflichten.[230] Folglich wirken Schrankenbestimmungen eigentumsbeeinträchtigend.[231] Folglich liegt ein Eingriff durch eine Schrankenbestimmung vor.

b. *Anforderungen an die verfassungsrechtliche Rechtfertigung von Schrankenbestimmungen*

Dieser Eingriff durch Schrankenbestimmungen müsste verfassungsrechtlich gerechtfertigt werden können.

---

226 S. BVerfGE 58, S. 300, 330 f.; 100, S. 226, 239 f.

227 S. BVerwG, NVwZ 1997, S. 887, 889.

228 S. BVerfGE 52, S. 1, 27; 58, S. 300, 330; 72, S. 66, 76.

229 S. *Wendt*, in Sachs (Hrsg.), Art. 14 GG, Rdnr. 55.

230 S. *Wendt*, in Sachs (Hrsg.), Art. 14 GG, Rdnr. 55.

231 S. *Wendt*, in Sachs (Hrsg.), Art. 14 GG, Rdnr. 55.

aa. Wesensgehaltgarantie

Dass durch diesen Eingriff in Gestalt einer Schrankenbestimmung die Eigentumsgarantie in ihrem Wesen angetastet wird (vgl. Art. 19 Abs. 2 GG), kann nicht festgestellt werden.

bb. Verhältnismäßigkeit

Nicht zuletzt müssten gesetzliche bzw. planerische Mengenvorhaben zur Bestimmung der Mindestgröße von in Anwendung des § 35 Abs. 3 S. 3 BauGB auszuweisenden Konzentrationszonen für die Nutzung der Windenergie in einem Gemeindegebiet auch verhältnismäßig sein.

(1). Legitimes Ziel

Solche Mengenvorhaben verfolgen ein legitimes Ziel. Durch sie soll sichergestellt werden, dass die definierten Ziele der Energiewende nicht verfehlt werden.

(2). Geeignetheit

Ihre Geeignetheit zur Zielverwirklichung ist zumindest sehr zweifelhaft.

(3). Erforderlichkeit

Solche Mengenvorhaben sind zur Zielverwirklichung allerdings nicht erforderlich. Gesetzliche Mengenvorgaben in Gestalt eines Vomhundertsatzes bzw. planerische Mengenvorgaben legen den Umfang von Konzentrationszonen und letztendlich die Bebaubarkeit von Außenbereichsgrundstücken mit Vorhaben i. S. d. § 35 Abs. 1 Nr. 2 bis 6 BauGB fest. Als ein milderes Mittel kommt die Herausnahme von WEA aus dem Anwendungsbereich des § 35 Abs. 3 S. 3 BauGB in Betracht. Soweit eine Gemeinde in Ansehung der Nutzung der Windenergie einen Flächennutzungsplan mit den Rechtswirkungen des § 35 Abs. 3 S. 3 BauGB nicht mehr aufstellen kann, verbleibt es bei der bauplanungsrechtlichen Außenbereichsprivilegierung von WEA nach

Maßgabe des § 35 Abs. 1 BauGB. Die definierten Ziele der Energiewende können, da potentiell mehr Raum für die Nutzung der Windenergie zur Verfügung steht, zumindest ebenso gut erreicht werden. Einer Beschränkung der Baufreiheit der Eigentümer von Grundstücken im bauplanungsrechtlichen Außenbereich einer Gemeinde bedarf es deshalb nicht.

Dass die mit einer rechtmäßig ausgewiesenen Konzentrationszone einhergehende Kontingentierung, d. h. die Regelung des § 35 Abs. 3 S. 3 BauGB als verfassungsrechtlich nicht zu beanstanden beurteilt worden ist,[232] steht dem nicht entgegen. In der Verleihung der Möglichkeit einer kommunalen, konzeptionellen Steuerung von im Außenbereich privilegierten WEA lag, um u. a. einer sog. Verspargelung der Landschaft vorzubeugen, die verfassungsrechtliche Rechtfertigung des Eingriffs. Diese Gefahr einer Verspargelung der Landschaft mit REWA besteht zumindest in vielen Gebieten des Landes Nordrhein-Westfalen aufgrund der vorhandenen Raumnutzung so nicht mehr. Im Übrigen ist die Verwirklichung der definierten Ziele der Energiewende ein gegenüber der Vorbeugung einer sog. Landschaftsverspargelung mit WEA nicht minder wichtiger Belang. Soweit – vorrangig – die definierten Ziele der Energiewende verwirklicht werden sollen, ist eine Kontingentierung von RWEA – auch nach Maßgabe irgendwie gearteter Mengenvorgaben – dieser Zielverwirklichung abträglich.

(4). Angemessenheit

Ob eine irgendwie geartete mengenmäßige Kontingentierung von RWEA angemessen ist, ist fraglich. Eine Kontingentierung der Windenergienutzung im Außenbereich bedingt und beschränkt nicht nur die Bebaubarkeit von Außenbereichsgrundstücken mit Vorhaben i. S. d. § 35 Abs. 1 Nr. 2 bis 6 BauGB, sie ist der Verwirklichung der definierten Ziele auch abträglich. Deshalb müssen Mengenvorhaben zur

---

232 S. BVerwG, NVwZ 2003, S. 733, 738.

Bestimmung der Mindestgröße von in Anwendung des § 35 Abs. 3 S. 3 BauGB auszuweisenden Konzentrationszonen für die Nutzung der Windenergie in einem Gemeindegebiet so bemessen werden, dass zumindest auf den überwiegenden Grundstücksflächen des Außenbereichs diese Nutzung der Windenergie bauplanungsrechtlich zulässig ist. Dann aber wird es zunehmend schwerer, die Beschränkung der Bebaubarkeit der übrigen Außenbereichsgrundstücke mit nach § 35 Abs. 1 BauGB privilegierten Vorhaben (RWEA) zu rechtfertigen. Die Eigentümer dieser Grundstücke sind einer unangemessenen Beschränkung ihrer aus der Eigentumsgarantie des Art. 14 Abs. 1 S. 1 GG folgenden Baufreiheit ausgesetzt.

(5). Zwischenergebnis

Mengenvorhaben zur Bestimmung der Mindestgröße von in Anwendung des § 35 Abs. 3 S. 3 BauGB auszuweisenden Konzentrationszonen für die Nutzung der Windenergie in einem Gemeindegebiet innerhalb des Landes Nordrhein-Westfalen sind unverhältnismäßig.

c. Zwischenergebnis

Ein Eingriff in eine Rechtsposition i. S. d. Art. 14 Abs. 1 S. 1 GG (Baufreiheit) durch Mengenvorhaben zur Bestimmung der Mindestgröße von in Anwendung des § 35 Abs. 3 S. 3 BauGB auszuweisenden Konzentrationszonen für die Nutzung der Windenergie in einem Gemeindegebiet kann verfassungsrechtlich nicht gerechtfertigt werden.

3. Zwischenergebnis

Mit der Eigentumsgarantie des Art. 14 Abs. 1 S. 1 GG sind gesetzliche Mengenvorhaben in Gestalt eines Vomhundertsatzes bzw. planerische Mengenvorgaben zur Bestimmung der Mindestgröße von in Anwendung des § 35 Abs. 3 S. 3 BauGB auszuweisenden Konzentrationszonen für die Nutzung der Windenergie in einem Gemeindegebiet nicht zu vereinbaren.

III. Zwischenergebnis

Eine etwaige Konkretisierung des unbestimmten Begriffs des substanziellen Raums durch Mengenvorgaben zur Bestimmung der Mindestgröße von in Anwendung des § 35 Abs. 3 S. 3 BauGB auszuweisenden Konzentrationszonen für die Nutzung der Windenergie in einem Gemeindegebiet verstößt gegen Verfassungsrecht in Gestalt von Art. 28 Abs. 2 S. 1 GG und Art. 14 Abs. 1 S. 1 GG. Diese Handlungsvariante ist dem Gesetzgeber somit verschlossen.

C. Herausnahme von WEA aus dem Anwendungsbereich des § 35 Abs. 3 S. 3 BauGB

Um der Energiewende in Gestalt der definierten Ziele den erforderlichen Vorschub zu leisten, könnte der Bundesgesetzgeber zumindest RWEA aus dem Anwendungsbereich des § 35 Abs. 3 S. 3 BauGB herausnehmen. Dann verbleibt es bei der bauplanungsrechtlichen Außenbereichsprivilegierung von RWEA nach Maßgabe des § 35 Abs. 1 BauGB. Insoweit kann den Städten und Gemeinden gänzlich die Möglichkeit einer konzeptionellen Verhinderungsplanung von RWEA genommen werden. Diese Handlungsvariante müsste verfassungskonform sein.

I. Eigentumsgarantie

Die Eigentumsgarantie des Art. 14 GG ist nicht verletzt, denn diese Handlungsvariante erweitert die Befugnisse der Eigentümer von im bauplanungsrechtlichen Außenbereich gelegenen Grundstücken.

II. Planungshoheit

Diese Handlungsvariante verletzt die Garantie der kommunalen Selbstverwaltung nach Art. 28 Abs. 2 S. 1 in Gestalt der Garantie der Planungshoheit ebenfalls nicht. Denn die Gemeinde kann dann, wie dargelegt, wieder autonomer und in eigener Verantwortung für ihr Gebiet die Bodennutzung festlegen.[233]

III. Zwischenergebnis

Die Herausnahme von RWEA aus dem Anwendungsbereich des § 35 Abs. 3 S. 3 BauGB ist verfassungsrechtlich nicht zu beanstanden.

D. Flächengewinnung für die Nutzung der Windenergie durch Auflösung von Gemeinden und Enteignung Privater

Als eine weitere Handlungsvariante könnte der Gesetzgeber ggf. möglicherweise einzelne Gemeinden auflösen und die im Privateigentum stehenden Flächen zugunsten der Nutzung der Windenergie[234] enteignen. Ein solches Vorgehen wurde in der Vergangenheit zugunsten des Braunkohletagebaus praktiziert (vgl. §§ 46 ff. Landesenteignungsgesetz; vgl. auch § 45 Abs. 1 Nr. 2 EnWG). Die verfassungsrechtliche Zulässigkeit dieser Handlungsvariante bemisst sich vor allem an Art. 28 Abs. 2 S. 1 GG i. V. m. Art. 78 Abs. 1 Verf NRW sowie an Art. 14 GG.

I. Institutionelle Rechtssubjektsgarantie

Aus den Gewährleistungen der Art. 28 Abs. 2 S. 1 GG i. V. m. Art. 78 Abs. 1 Verf NRW – Garantie der kommunalen Selbstverwaltung – folgt die Gewährleistung der institutionellen Rechtssubjektsgarantie. Der Bestand der Institution »Gemeinde« als eine rechtsfähige Körperschaft des öffentlichen Rechts wird gewährleistet, nicht jedoch der Bestand jeder einzelnen Gemeinde.[235] Grundsätzlich sind Gebietsän-

---

233 Vgl. BVerwG, DVBl. 1999, S. 697, 698.

234 Vgl. BVerfGE 74, S. 264 ff. – (Boxberg).

235 S. *Burgi*; in: Dietlein/Burgi/Hellermann, Öffentliches Recht in Nordrhein-Westfalen, § 2, Rdnr. 68.

derungen bzw. Auflösungen von Gemeinden, die sich als Gebietskörperschaften über ihr Gebiet (s. § 16 GO NRW) definieren, statthaft.[236] [237] Dem Landesgesetzgeber ist es folglich grundsätzlich möglich, so Gebiete zu schaffen, die dann (gemäß den zu erlassenden Regelungen im LPlG) der Nutzung der Windenergie zur Verfügung stehen könnten.[238]

Allerdings zieht der Grundsatz der Verhältnismäßigkeit diesem Vorhaben beachtliche Grenzen. Der Grundsatz der Verhältnismäßigkeit verlangt, dass in Ansehung des konkreten Vorhabens keine milderen und gleich effektiven Mittel zur Verwirklichung des legitimen Ziels zur Verfügung stehen.

So können aber z. B. WEA aus dem Anwendungsbereich des § 35 Abs. 3 S. 3 BauGB (durch den Bundesgesetzgeber) herausgenommen werden. Das Bauplanungs-, Bauordnungs- und Immissionsschutzrecht kann von dem jeweiligen Gesetzgeber dahingehend geändert werden, dass auch in Wohnsiedlungsgebieten Klein- und Kleinstwindenergieanlagen in einem größeren Umfange zulässig sind als bisher.

Eine Auflösung einer Gemeinde ist nicht zuletzt deshalb nicht erforderlich, da Flächen des bauplanungsrechtlichen Außenbereichs einer Gemeinde durch eine Gebietsänderung einer anderen zugeschlagen werden können. So bleibt die Existenz historisch gewachsener Siedlungsbereiche – und auch die rechtliche Existenz der jeweiligen Gemeinde – gewahrt und das Gebiet des Außenbereichs wird der Regie einer Trägerin kommunaler Planungshoheit unterstellt. Aufgrund der dann entfernteren räumlichen Lage zu der nächsten Gemeindegrenze können etwaige mit dem Interkommunalen Abstim-

---

[236] S. *Burgi*, aaO, Rdnr. 82.

[237] Dagegen ist ein Eingriff in den Kernbereich der Planungshoheit einer bestehenden Gemeinde verfassungsrechtlich nicht zu rechtfertigen.

[238] Vgl. VGH NRW, NVwZ-RR 1998, S. 743 ff.; VGH NRW, NVwZ-RR 1998, S. 478 ff.; – (Garzweiler II).

mungsgebot einhergehende Planungsschwierigkeiten ausgeräumt werden.

Im Übrigen ist es anders als bei der Förderung des Braunkohletagebaus hier in rechtlicher Hinsicht schwierig, die von einer Auflösung betroffenen Gemeinden willkürfrei auszuwählen. Das Kriterium der Windhöffigkeit innerhalb von Gemeindegebieten kann lediglich dann für eine Differenzierung in Betracht kommen, soweit in Ansehung einer zu bestimmenden Höhe (von 135m und mehr) über Grund messbare Unterschiede bestehen.

II. Eigentumsgarantie und Enteignung

Soweit Personen das Eigentum an Flächen entzogen wird, stellt dieser Eingriff in den Schutzbereich der Eigentumsgewährleistung des Art. 14 Abs. 1 S. 1 GG in Anwendung des formalisierten Enteignungsbegriffes des BVerfG eine Enteignung und gerade keine Inhalts- und Schrankenbestimmung des Eigentums dar. Es findet nämlich ein konkret-individueller Entzug einer nach Art. 14 Abs. 1 S. 1 GG geschützten Eigentumsposition statt.

Für die Rechtmäßigkeit einer solchen Enteignung nach Art. 14 Abs. 3 GG ist es dabei ohne Belang, ob sie zugunsten eines privatrechtlich organisierten Unternehmens erfolgt.[239] Der Nutzen einer Enteignung muss zwar ausweislich Art. 14 Abs. 3 S. 1 GG dem Wohl der Allgemeinheit dienen. Nach Ansicht des BVerfG sei aber ausreichend, dass mittelbare Folgen der Tätigkeit des enteignungsbegünstigen Unternehmens dem Wohl der Allgemeinheit nutzen, d. h. faktisch dienen.[240] Folglich wären auch Enteignungen zugunsten privatrechtlich organisierten Konzernen, die große Windfarmen errichten wollen, insoweit grundsätzlich zulässig. Die Unternehmenstätigkeit dient nämlich zumindest mittelbar der Verwirklichung der definierten Ziele der Energiewende.

---

239 S. BVerfGE 74, S. 264, 285.

240 S. BVerfGE 74, S. 264, 285.

Allerdings ist eine solche Enteignung lediglich dann verhältnismäßig, soweit keine milderen und gleich effektiven Mittel zur Verwirklichung des legitimen Ziels zur Verfügung stehen. Wie bereits skizziert spricht einiges dafür, dass mildere und gleich effektive Mittel sehr wohl zur Verfügung stehen. Weiterhin kommen als Enteignungsobjekte lediglich Flächen des bauplanungsrechtlichen Außenbereichs in Betracht. Da dort WEA in der Regel eine bauplanungsrechtliche Privilegierung genießen und aufgrund ihrer Eigenart aus städtebaulichen Erwägungen errichtet werden sollen, erschiene die Inanspruchnahme von anderen Flächen als diesen einer Rechtfertigung nur schwerlich zugänglich.

Im Übrigen ist den enteigneten Eigentümern gemäß Art. 14 Abs. 3 S. 2 u. 3 GG eine Entschädigung zu leisten. Nicht zuletzt deshalb spricht viel dafür, dass vor allem Gehöfte und Splittersiedlungen im bauplanungsrechtlichen Außenbereich de facto als Enteignungsobjekte in Betracht kommen, da die Gesamtentschädigungsleistung geringer ausfällt als bei ganzen Wohnsiedlungen.

Zumindest derzeit ist aber eine solche Enteignung nicht erforderlich, folglich unverhältnismäßig und damit verfassungsrechtlich nicht zu rechtfertigen. Denn das Land Nordrhein-Westfalen geht ausweislich der Untersuchung des LANUV NRW davon aus, dass für die Nutzung der Windenergie genug Potentialflächen zur Verfügung stehen, um die durch die Landesregierung definierten Ziele der Energiewende zu erreichen.[241] Dass der Bundesgesetzgeber an der Möglichkeit der Verwirklichung seiner definierten Ziele der Energiewende zweifelt, bzw. die Gefahr der Zielverfehlung konkret dargelegt hat, ist nicht ersichtlich.

Insoweit bedarf es keiner Enteignung.

---

241 S. *LANUV NRW*, Potenzialstudie Erneuerbare Energien NRW – Windenergie, S. 99.

III. Art. 11 GG und »Recht auf Heimat«

Falls der Nutzung der Windenergie – ähnlich wie dem Braunkohletagebau in der Vergangenheit – großräumige Gebiete zur Verfügung gestellt werden würden, müssten die Einwohnerinnen und Einwohner der in diesen Gebieten gelegenen Städten und Gemeinden ihre Heimat aufgeben. Die Garantie der Freizügigkeit nach Art. 11 GG verleiht die Befugnis, im ganzen Bundesgebiet Aufenthalt und Wohnung zu nehmen und an diesem gewählten Ort auch verweilen zu dürfen.[242] Dass aus Art. 11 GG dieser Schutz der Heimat folgt, wird in der Literatur teilweise angenommen.[243] Das BVerfG hat allerdings festgestellt, dass ein »Grundrecht auf Heimat« dem Art. 11 GG nicht entnommen werden kann.[244] Das Gericht führte bereits im 5. Leitsatz seines Urteils vom 17.12.2013 aus, dass die Gewährleistung des Art. 11 GG nicht dazu berechtige, an Orten im Bundesgebiet Aufenthalt zu nehmen und zu verbleiben, an denen Regelungen zur Bodenordnung oder Bodennutzung einem Daueraufenthalt entgegenstehen, sofern sie, so das BVerfG weiter, allgemein gelten und nicht gezielt die Freizügigkeit bestimmter Personen oder Personengruppen einschränken sollen.[245]

Das Grundrecht aus Art. 11 Abs.1 GG steht der skizzierten Handlungsvariante demnach nicht entgegen.

E. Zwischenergebnis

De lege ferenda sind gesetzliche Mengenvorhaben in Gestalt eines Vomhundertsatzes bzw. planerische Mengenvorgaben zur Bestimmung der Mindestgröße von im Anwendungsbereich des § 35 Abs. 3 S. 3 BauGB auszuweisenden Konzentrationszonen für die Nutzung der Windenergie in einem Gemeindegebiet aufgrund ihres Verstoßes

242 S. *Sodan*, in: Sodan (Hrsg.), Grundgesetz, Art. 11, Rdnr. 2.

243 S. *Baer*, NVwZ 1997, S. 27 ff.

244 S. BVerfG, DVBl. 2014, S. 175 ff.; dazu *Frenz*, NVwZ 2014, S. 194, 197.

245 S. BVerfG, DVBl. 2014, S. 175.

gegen die Garantie der kommunalen Selbstverwaltung nach Art. 28 Abs. 2 S. 1 GG in Gestalt der Garantie der Planungshoheit und gegen die Eigentumsgewährleistung nach Art. 14 Abs. 1 GG verfassungsrechtlich nicht zulässig, soweit durch diese Vorgaben in jeder Gemeinde innerhalb Nordrhein-Westfalens 24,7 RWEA und mehr errichtet werden sollen. Gleiches gilt auch für über den Einzelfall hinausgehende richterliche Mengenvorhaben.

Um der Energiewende in Gestalt der definierten Ziele den erforderlichen Vorschub zu leisten, kann der Bundesgesetzgeber RWEA aus dem Anwendungsbereich des § 35 Abs. 3 S. 3 BauGB herausnehmen. Dann verbleibt es bei der bauplanungsrechtlichen Außenbereichsprivilegierung von WEA nach Maßgabe des § 35 Abs. 1 BauGB. Insoweit kann den Städten und Gemeinden gänzlich die Möglichkeit einer konzeptionellen Verhinderungsplanung von RWEA genommen werden. Ein Verstoß gegen die Garantie der kommunalen Selbstverwaltung nach Art. 28 Abs. 2 S. 1 GG in Gestalt der Garantie der Planungshoheit sowie gegen die Eigentumsgewährleistung nach Art. 14 Abs. 1 GG kann nicht festgestellt werden.

Dem Gesetzgeber ist es zumindest derzeit verwehrt, der Nutzung der Windenergie Vorschub zu geben, indem er – ähnlich dem Recht des Braunkohletagesbaus – einzelne Gemeinden auflöst und die im Privateigentum stehenden Flächen zugunsten der Nutzung der Windenergie enteignet. Ein solches Vorgehen wäre schwerlich mit der institutionellen Rechtssubjektsgarantie der Garantie kommunaler Selbstverwaltung zu vereinbaren, ebenso, wenn nicht sogar ungleich schwerer, mit der Eigentumsgewährleistung betroffener Grundstückseigentümer.

Fazit

Es besteht die begründete Gefahr, dass de lege lata sowohl das Ziel des Bundesgesetzgebers – ausweislich § 1 Abs. 2 EEG soll der Anteil erneuerbarer Energien an der Stromversorgung unter Integrierung nachfolgender Strommengen in das Elektrizitätsversorgungssystem mindestens auf 35 % spätestens bis zum Jahre 2020, auf 50 % spätestens bis zum Jahre 2030, auf 65 % spätestens bis zum Jahr 2040 und auf 80 % bis zum Jahre 2050 erhöht werden – als auch das Ziel des Landes Nordrhein-Westfalen – Erhöhung des Anteils der Windenergie an der Stromerzeugung von 3 % im Jahre 2011 auf mindestens 15 % im Jahre 2020 im Land Nordrhein-Westfalen – nicht verwirklicht werden kann.

Soweit eine Windenergienutzung innerhalb eines Gemeindegebiets aus tatsächlichen und immissionsschutz- bzw. natur-, arten- und landschaftsschutzrechtlichen Erwägungen grundsätzlich möglich ist, ist eine Gemeinde aufgrund der städtebaulichen Regelung des § 35 Abs. 3 S. 3 BauGB rechtspraktisch in der Lage, zumindest weitgehend anderen städtebaulichen Belangen den Vorrang vor der Nutzung der Windenergie zu geben. Soweit eine Gemeinde einen Flächennutzungsplan mit den Rechtswirkungen des § 35 Abs. 3 S. 3 BauGB aufstellt, ist sie lediglich verpflichtet eine Konzentrationszone auszuweisen, die die Errichtung und den Betrieb von mindestens 3 dem aktuellen Stand der Technik entsprechenden WEA zulässt. Viel spricht dafür, dass dann die Gemeinde der Nutzung der Windenergie bereits substanziell Raum gibt. Eine solche Konzentrationszone ist aber erkennbar zu klein, um die für die Zielerreichung der Energiewende erforderlichen 24,7 RWEA pro Kommune aufzunehmen.

Dass in der Rechtspraxis der Verwaltungsgerichtsbarkeit in der Regel mittels eines nicht exklusiven Vergleichs zwischen der Größe der im Flächennutzungsplan dargestellten Konzentrationszonen mit der Größe der Potentialflächen, die sich nach dem Abzug der harten Tabu-Zonen von der Außenbereichsfläche ergibt, geprüft wird, ob der Nutzung der Windenergie substanziell Raum gegen worden ist, suggeriert eine uneingeschränkte Justiziabilität der planerischen Ausweisung von Konzentrationszonen. Dem gebrauchten Kriterium »harte Tabu-Zonen« des verwaltungsgerichtlichen Kontrollmaßstabes liegt allerdings eine Planungsermessensentscheidung der Gemeinde zugrunde. Diese planungsträgerische Tabu-Zonen-Festlegung ist jedoch nur eingeschränkt einer verwaltungsgerichtlichen Kontrolle zugänglich. D. h., dass die planende Gemeinde in einem wesentlichen Punkt den verwaltungsgerichtlichen Kontrollmaßstab beeinflussen kann. Diese Möglichkeit ist einer etwaigen gemeindlichen Verhinderungsplanung der Windenergienutzung zumindest nicht abträglich.

Der Planvorbehalt nach § 35 Abs. 3 S. 3 BauGB kann insoweit als rechtliches Instrument einer konzeptionellen Verhinderung von Windenergieanlagen ge- bzw. missbraucht werden. Es besteht die begründete Gefahr, dass die eingangs skizzierten Ziele der Energiewende nicht verwirklicht werden können.

De lege ferenda sind gesetzliche Mengenvorhaben in Gestalt eines Vomhundertsatzes bzw. planerische Mengenvorgaben zur Bestimmung der Mindestgröße von im Anwendungsbereich des § 35 Abs. 3 S. 3 BauGB auszuweisenden Konzentrationszonen für die Nutzung der Windenergie in einem Gemeindegebiet innerhalb des Landes Nordrhein-Westfalen aufgrund ihres Verstoßes gegen die Garantie der kommunalen Selbstverwaltung nach Art. 28 Abs. 2 S. 1 GG (bzw. planerische Mengenvorgaben in Anwendung des LPlG: Art. 78 Abs. 1 u. 2 Verf NRW) in Gestalt der Garantie der Planungshoheit und gegen die Eigentumsgewährleistung nach Art. 14 Abs. 1 GG verfassungsrechtlich nicht zulässig, soweit durch diese Vorgaben in jeder Gemeinde innerhalb Nordrhein-Westfalens 24,7 RWEA und mehr errichtet werden sollen. Gleiches gilt auch für über den Einzelfall hinausgehende richterliche Mengenvorhaben.

Um der Energiewende in Gestalt der definierten Ziele den erforderlichen Vorschub zu leisten, kann der Bundesgesetzgeber RWEA aus dem Anwendungsbereich des § 35 Abs. 3 S. 3 BauGB herausnehmen. Dann verbleibt es bei der bauplanungsrechtlichen Außenbereichsprivilegierung von WEA nach Maßgabe des § 35 Abs. 1 BauGB. Insoweit kann den Städten und Gemeinden gänzlich die Möglichkeit einer konzeptionellen Verhinderungsplanung von RWEA genommen werden. Ein Verstoß gegen die Garantie der kommunalen Selbstverwaltung nach Art. 28 Abs. 2 S. 1 GG in Gestalt der Garantie der Planungshoheit sowie gegen die Eigentumsgewährleistung nach Art. 14 Abs. 1 GG kann nicht festgestellt werden.

Dem Gesetzgeber ist es zumindest derzeit verwehrt, der Nutzung der Windenergie Vorschub zu geben, indem er – ähnlich dem Recht des Braunkohletagesbaus – einzelne Gemeinden auflöst und die im Privateigentum stehenden Flächen zugunsten der Nutzung der Windenergie enteignet. Ein solches Vorgehen wäre mit der institutionellen Rechtssubjektsgarantie der Garantie kommunaler Selbstverwaltung schwerlich zu vereinbaren, ebenso, wenn nicht sogar ungleich schwerer, mit der Eigentumsgewährleistung betroffener Grundstückseigentümer.

Literaturverzeichnis

Articus, Stephan/*Schneider*, Bernd Jürgen (Hrsg.): Gemeindeordnung Nordrhein-Westfalen, 4. Aufl., Stuttgart 2012.

Attendorn, Thorsten: Die Belage des Klimaschutzes nach Fukushima und der Energiewende, NVwZ 2012, S. 1569-1574.

derselbe: Berücksichtigung der Belange der Energiewende bei der Anwendung des Naturschutzrechts, NuR 2013, S. 153-162.

Baer, Susanne: Zum »Recht auf Heimat« - Art. 11 GG und Umsiedlungen zugunsten des Braunkohletagebaus, NVwZ 1997, S. 27-33.

Battis, Ulrich/*Krautzberger*, Michael/*Löhr*, Rolf-Peter: Baugesetzbuch, Kommentar, 11. Aufl., München 2009.

derselbe/derselbe/Mitschang, Stephan/*Reidt*, Olaf/*Stüer*, Bernhard: Gesetz zur Förderung des Klimaschutzes bei der Entwicklung in den Städten und Gemeinden in Kraft getreten, NVwZ 2011, S. 897-905.

Beckmann, Klaus: Windenergieanlagen (WEA) - eine kritische Gesamtschau dieses erneuerbaren Energiesegments, KommJur 2012, S. 170-179.

Beckmann, Martin (Hrsg.): Landmann/Rohmer, Umweltrecht, Kommentar, Stand: 69. Ergl., München 2013.

Berkemann, Jörg: Das »Abwägungsmodell« des BVerwG (BVerwGE 34, 301 [1969]) - Entstehungsgeschichte und Legendenbildung, DVBl. 2013, S. 1280-1292.

Bovet, Jana/*Kindler*, Lars: Wann und wie wird der Windenergie substanziell Raum verschafft? – Eine kritische Diskussion der aktuellen Rechtsprechung und praktische Lösungsansätze, DVBl. 2013, S. 488-496.

Brietzke, Christian: Windenergieausbau – Aktuelle Fragen zur Bauleitplanung, Stadt und Gemeinde 2012, S. 497-499.

Bringewat, Jörn: Normenkontrolle von Darstellungen eines Flächennutzungsplans im Anwendungsbereich von § 35 III 3 BauGB, NVwZ 2013, S. 984-987.

Brohm, Winfried: Öffentliches Baurecht, 4. Aufl., München 2008.

Bundesministerium für Umwelt, Naturschutz und Reaktorsicherheit: Erneuerbare Energien, Innovationen für eine nachhaltige Energiezukunft, 8. Aufl., Berlin 2011.

Danner, Wolfgang/*Theobald*, Christian (Hrsg.): Energierecht, Loseblattkommentar, 78. Ergl., Stand: September 2013, München 2013.

Deutscher Städte- und Gemeindebund (Hrsg.): Repowering von Windenergieanlagen – Kommunale Handlungsmöglichkeiten, Dokumentation Nr. 94, Berlin 2009.

derselbe: Kommunale Handlungsmöglichkeiten beim Ausbau der Windenergie – unter besonderer Berücksichtigung des Repowering, Dokumentation Nr. 111, Berlin 2012

Dietlein, Johannes/*Burgi*, Martin/*Hellermann*, Johannes: Öffentliches Recht in Nordrhein-Westfalen, 4. Aufl., München 2011.

Ehlers, Dirk: Die verfassungsrechtliche Garantie der kommunalen Selbstverwaltung, DVBl. 2000, S. 1301-1310.

Erichsen, Hans U.: Kommunalrecht des Landes Nordrhein-Westfalen, 2. Aufl., Siegburg 1997.

Erlenkämper, Friedel: Entwicklungen im Kommunalrecht, NVwZ 1995, S. 649-662.

Ernst, Werner/*Zinkahn*, Willy/*Bielenberg*, Walter/*Krautzberger*, Michael: Baugesetzbuch, Loseblatt-Kommentar, 110. Ergl., München 2014.

Fest, Phillip: Die Windenergie im Recht der Energiewende, NVwZ 2012, S. 1129-1134.

Frenz, Walter: Braunkohletagebau und Verfassungsrecht, NVwZ 2014, S. 194-198.

Frey, Michael: Aktuelle Fragestellungen bei der Normenkontrolle gegen Windkraft-Flächennutzungspläne – Antragsgegenstand, Antragsbefugnis, Rechtsschutzbedürfnis und Präklusion, NVwZ 2013, S. 1184-1190.

Gatz, Stephan: Windenergieanlagen in der Verwaltungs- und Gerichtspraxis, Bonn 2009, zugl. Diss. Univ. Osnabrück 2009.

derselbe: Rechtsfragen der Windenergienutzung, DVBl. 2009, S. 737-748.

Hinsch, Andreas: Raumordnerische Steuerung der Windenergienutzung – Zulassung von Windenergieanlagen in zukünftigen Eignungsgebieten, NordOeR 2009, S. 477-485.

Held, Friedrich Wilhelm/*Winkel*, Johannes/*Wansleben*, Rudolf (Hrsg.): Kommunalverfassungsrecht Nordrhein-Westfalen, 31. Ergl., Wiesbaden 2013.

Hömig, Dieter (Hrsg.): Grundgesetz, Kommentar, 10. Aufl., Baden-Baden 2013.

Hufen, Friedhelm: Verwaltungsprozessrecht, 9. Aufl., München 2013.

Kindler, Lars/*Lau*, Marcus: Der Beitrag der Raumordnung zur Intensivierung der Windenergienutzung an Land, NVwZ 2011, S. 1414-1419.

Kment, Martin: Die Begleitung der Energiewende durch kommunale Bauleitplanung – Schafft das Gesetz zur Förderung des Klimaschutzes bei der Entwicklung in den Städten und Gemeinden neue Optionen?, DVBl. 2012, S. 1125-1130.

Kopp, Ferdinand/*Schenke*, Wolf-Rüdiger: Verwaltungsgerichtsordnung, 19. Aufl., München 2013.

Krause, Florentin/*Bossel*, Hartmut/*Müller-Reißmann*, Karl: Energiewende – Wachstum und Wohlstand ohne Erdöl und Uran, Frankfurt a. M. 1980.

Landesamt für Natur, Umwelt und Verbraucherschutz Nordrhein-Westfalen (Hrsg.): Potenzialstudie Erneuerbare Energien NRW, Teil 1 – Windenergie, LANUV-Fachbericht 40, Recklinghausen 2013.

Lau, Marcus: Substanzieller Raum für Windenergienutzung – Abgrenzung zwischen Verhinderungsplanung und zulässiger Kontingentierung, LKV 2012, S. 163-167.

Lühle, Stefan: Nachbarschutz gegen Windenergieanlagen, NVwZ 1998, S. 897-903.

Maslaton, Martin: Das verwaltungsrechtliche Prioritätsprinzip bei »konkurrierenden« Genehmigungen von Windenergieanlagen als materielle Entscheidungsgrundlage?!, NVwZ 2013, S. 542-547.

Maunz, Theodor/*Dürig*, Günter (Hrsg.): Grundgesetz, Kommentar, Loseblatt, 69. Ergl., Stand: Mai 2013, München 2013.

Messerschmidt, Klaus: Der unbestimmte Rechtsbegriff »erhebliche Beeinträchtigungen« und Umgang mit Unsicherheiten bei Projekten der erneuerbaren Energie, NuR 2013, S. 168-177.

Mitschang, Stephan: Standortkonzeptionen für Windenergieanlagen auf örtlicher Ebene, ZfBR 2003, 431-442.

Niedzwicki, Matthias: Kommunalrecht in Nordrhein-Westfalen, 3. Aufl., Aachen 2010.

derselbe: Anmerkungen zu OVG NRW, Urteil vom 01.07.2013, 2 D 46/12.NE, KommJur 2014, S. 92-94.

Pieroth, Bodo/*Schlink*, Bernhard: Grundrechte, Staatsrecht II, 28. Aufl., Heidelberg 2011.

Redeker, Konrad/*von Oertzen*, Hans-Joachim: Verwaltungsgerichtsordnung, 15. Aufl., Stuttgart 2010.

Rehn, Erich/*Cronauge*, Ulrich/*von Lennep*, Hans Gerd/*Knirsch*, Hanspeter: Gemeindeordnung für das Land Nordrhein-Westfalen, Bd. I, 39. Ergl., Siegburg 2013.

Rolshoven, Michael: Wer zuerst kommt, mahlt zuerst? - Zum Prioritätsprinzip bei konkurrierenden Genehmigungsanträgen - Dargestellt anhand aktueller Windkraftfälle, NVwZ 2006, S. 516-523.

Sachs, Michael (Hrsg.): Grundgesetz, Kommentar, 6. Aufl., München 2011.

Scheidler, Alfred: Gemeindliche Steuerung der Windenergienutzung, KommJur 2012, S. 367-372.

derselbe: Stärkung der Gemeinden bei der Repowering-Planung für Windenergieanlagen durch den neuen § 249 Abs. 2 BauGB, LKRZ 2012, S. 266-270.

Schidlowski, Frank: Standortsteuerung von Windenergieanlagen durch Flächennutzungspläne, NVwZ 2001, S. 388-391.

Schmidt-Eichstaedt, Gerd: Zur Methodik und Wirkung der Festlegung von Eignungsgebieten für die Windkraftnutzung durch die Regionalplanung, LKV 2012, S. 481-488.

Schoch, Friedrich/*Schneider*, Jens-Peter/*Bier*, Wolfgang (Hrsg): Verwaltungsgerichtsordnung, Loseblatt, 25. Ergl., Stand: April 2013, München 2013.

Schoch, Friedrich: Der verfassungsrechtliche Schutz der kommunalen Selbstverwaltung, Jura 2001, S. 121-133.

Scholtka, Boris/*Helmes*, Sebastian: Energiewende 2011 – Schwerpunkte der Neuregelungen im Energiewirtschafts- und Energieumweltrecht, NJW 2011, S. 3185-3191.

Schübel-Pfister, Isabel: Aktuelles Verwaltungsprozessrecht, JuS 2013, S. 990- 996.

Sellner, Dieter/*Fellenberg*, Frank: Atomausstieg und Energiewende 2011 – das Gesetzespaket im Überblick, NVwZ 2011, S. 1025-1035.

Sodan, Helge (Hrsg.): Grundgesetz, Kommentar, 2. Aufl., München 2011.

derselbe/*Ziekow*, Jan (Hrsg.): Verwaltungsgerichtsordnung, 3. Aufl., Baden-Baden 2010.

Stein, Katrin: Privatisierung kommunaler Aufgaben – Ansatzpunkte und Umfang verwaltungsgerichtlicher Kontrolle, DVBl. 2010, S. 563-571.

Stelkens, Paul/*Bonk*, Heinz Joachim/*Sachs*, Michael (Hrsg.): Verwaltungsverfahrensgesetz, Kommentar, 8. Aufl., München 2014.

Stüer, Bernhard: Anmerkung zu BVerwG, Urteil vom 13.12.2013 – BverwG 4 CN 1.11, 2.11 –, DVBl. 2013, S. 509-511.

derselbe/Garbrock, Bernhard: Anmerkung zu OVG NRW, Urteil vom 01.07.2013 - 2 D 46/12.NE - Vorrangflächen Windenergie Büren, DVBl. 2013, S. 1134-1136.

derselbe/Vildomec, Arthur: Planungsrechtliche Zulässigkeit von Windenergieanlagen, BauR 1998, S. 427-440.

Sydow, Gernot: Neues zur planungsrechtlichen Steuerung von Windenergiestandorten, NVwZ 2010, S. 1534-1537.

Tigges, Franz-Josef: Windkonzentrationsplanung: Gesamtplanung bei Ausweisung zusätzlicher Flächen?, ZNER 2012, S. 127-132.

Weiss, Andreas: Windenergieanlagen und Luftverkehrsrecht - kein luftleerer Rechtsraum, NVwZ 2013, S. 14-18.

Voßkuhle, Andreas: Umweltschutz und Grundgesetz, in: Gesellschaft für Umweltrecht e. V., Dokumentation zur 36. wissenschaftlichen Fachtagung der Gesellschaft für Umweltrecht e. V., Leipzig 2012, Band 44, Berlin 2013, S. 33-59.

Werner, Kathrin/*Würfel*, Wolfgang: Die Grundstücksverfügbarkeit in der Bauleitplanung - speziell bei der Konzentrationsflächenplanung für Windkraftanlagen, NVwZ 2003, S. 263-266.

Wustlich, Guido: Das Recht der Windenergie im Wandel - Teil 1: Windenergie an Land, ZUR 2007, S 16-24.

Zenke, Ines/*Dessau*, Christian: Bürgerbeteiligung als Schlüssel einer kommunalen Energiewende, KommJur 2013, S. 288-291.

***ibidem*-Verlag**

Melchiorstr. 15

D-70439 Stuttgart

info@ibidem-verlag.de

www.ibidem-verlag.de
www.ibidem.eu
www.edition-noema.de
www.autorenbetreuung.de

Zeitfracht Medien GmbH
Ferdinand-Jühlke-Straße 7
99095 Erfurt, Deutschland
produktsicherheit@kolibri360.de